www.ingramcontent.com/pod-product-compliance
Lightning Source LLC
LaVergne TN
LVHW050813051026
849532LV00008B/2982
* 9 7 8 9 3 6 9 0 8 8 1 5 7 *

اردو فکشن
کے بنیادی و تشکیلی عناصر

(مضامین)

اختر انصاری

Urdu Fiction ke buniyaadi o Tashkili Anaasir *(Essays)*
by: Akhtar Ansari
Edition: January '2025
Publisher :
Taemeer Publications LLC (Michigan, USA / Hyderabad, India)

ISBN 978-93-6908-815-7
9 789369 088157

کتاب	:	**اردو فکشن کے بنیادی و تشکیلی عناصر**
مصنف	:	**اختر انصاری**
صنف	:	تحقیق و تنقید
ناشر	:	تعمیر پبلی کیشنز (حیدرآباد، انڈیا)
سالِ اشاعت	:	۲۰۲۵ء
صفحات	:	۶۴
سرورق ڈیزائن	:	تعمیر ویب ڈیزائن

فہرستِ مطالب

اُردو فکشن : بُنیادی و تشکیلی عناصِر

ابتدائیہ

انسانوں کی کارگزاری ! افراد کی کارکردگی ! گروہوں کی کارپردازی ! لوگوں کے مشغلے ! اشخاص کی مصروفیتیں ! اِس کے حالات ! اُس کے کوائف ! اِس کے مزے ! اُس کی مصیبتیں ! اِس کی نیکیاں ! اُس کے گناہ ! یہ کون ہے ؟ وہ کیا ہے ؟ یہ کیسے ؟ وہ کیونکر ؟ یہ کہاں کا؟ وہ کہاں کا؟ یہ کس کا ؟ وہ کس کا ؟ ......

اِن بظاہر بے ربط الفاظ یا فقروں کا جومشترک مفہوم ہے وہی" کہانی" کی اصل یا کہانی کاموضوعِ اصلی ہے !

کچھ باتیں وہ ہیں جن کا اطلاق افراد و اشخاص، گروہوں اور جمعیتوں، قوموں اور قبیلوں کی حد بندیوں سے گزر کر تمام بنی نوعِ انسان پر ہوتا ہے۔ انھیں حقیقتوں میں یہ حقیقت بھی ہے کہ انسانی زندگی کی بنیادی ضروریات کی تکمیل اور عنصری و حیاتیاتی مطالبات کی تسکین کے بعد کسی انسان کا اپنے ہم جنسوں کے احوال و کوائف سے شغف رکھنا، یعنی ایک شخص کا دوسرے شخص کے حالات پر مطلع ہونے کی کوشش کرنا ہی انسانوں کی اولین اور سب سے زیادہ ہمہ گیر دلچسپی ہے۔ جس چیز کو علماءِ نفسیات نے انسان کا فطری تجسس اور جبلی طلبِ علم کہا ہے اُس کا اولین مظہر شاید یہی ہے کہ ایک انسان دوسرے انسان کو جاننے اور پہچاننے اور سمجھنے اور بوجھنے کا خواہاں ہوتا ہے۔ پھر اگر یہ بات صحیح ہے تو یہ بھی ظاہر ہے کہ اِس ہمہ گیر دلچسپی کا اظہار اور اِس فطری تجسس کی کارفرمائی بھی جلد سے جلد ہماری نظروں کے سامنے آجانی چاہیے۔ یعنی تقریباً اُس وقت جب نوعِ آدم اپنی نسلی ارتقاء کی اُس منزل پر پہنچے جہاں تاریخ کی تیز اور شفاف روشنی اُس پر پڑنے لگے۔ اور ہے بھی دراصل یونہی ! اور قدیم تہذیبوں کی تاریخ سے بھی یہی بات ثابت ہوتی ہے۔ کیونکہ ہم دیکھتے ہیں کہ جب اور جہاں کوئی قدیم تمدن یا معاشرہ گمنامی کے دھندلکے سے برآمد ہو کر روشنی میں آتا ہے تو وہ طول طویل کہانیوں

کے طول طویل سلسلے کا مشعل بردار ضرور ہوتا ہے۔ مثلاً جب قدیم یونان کے چہرے سے پردہ اٹھتا ہے تو آلیڈ اور اوڈیسی کی لافانی داستانیں اُس وقت کی دنیا کے گھٹا ٹوپ اندھیرے میں ایک چکا چوند کی سی کیفیت پیدا کرتی دکھائی دیتی ہیں۔ پھر کچھ اِسی ایک قدیم تہذیب پر موقوف نہیں۔ نہ صرف یونان کی ہم عصر، بلکہ یونان سے پہلے اور یونان کے بعد کی دوسری تہذیبیں ——— سمیری اور بابلی، مصری اور آریائی، ایرانی اور سامی ——— اور اُن کی تاریخ بھی اِسی حقیقت کی آئینہ دار ہے۔ کوئی تہذیب ایسی نہیں جس کا اُدھر کا سرا داستان سرائی اور افسانہ طرازی کے فسوں کار پھولوں سے گندھا ہوا سہرا نہ معلوم ہوتا ہو۔ کہانی کی اصل کا سراغ اور اُس کی عالم گیر مقبولیت کا راز اگر کہیں مل سکتا ہے تو بلاشبہ یہی مقام ہے۔

اب اُن حقائق پر بھی نظر ڈالیے جو کہانی کی قدامت اور قصہ گوئی کے آغاز وابتکار کو اِس سے بھی کہیں زیادہ پیچھے دھکیل دیتے ہیں۔ دورِ وحشت کے قدیم انسان کا احساسِ فن اور جذبۂ تخلیق و اظہار ایک طے شدہ اور مسلم تاریخی، بلکہ بشریاتی حقیقت ہے۔ یہ بھی کہا گیا ہے کہ وحشی اور غیر متمدن انسان کا فنی احساس سب سے پہلے رقص کی صورت میں جلوہ گر ہوا اور اِسی بنا پر رقص کو تمام فنونِ لطیفہ کا سرچشمہ خیال کیا گیا ہے۔ مصوری، نقش گری اور بُت تراشی کے فنون اِسی سرچشمے سے برآمد ہوئے۔ یہ تمام فنون ——— گویا رقص کی ذریات! ——— قدیم وحشی انسان کے شدید جذباتی دباؤ کے باعث وجود میں آئے۔ ترسیل و ابلاغ اور بیان و اظہار اِن کی علتِ غائی تھی۔ ربط، توازن، تناسب اور ہم آہنگی کے عنصری عواطف کو ایک سے دوسرے تک منتقل کرنے میں مدد دینا اِن کا فریضۂ خاص تھا۔ اگر انسان اِن کے ذریعے کچھ کہتا تھا ——— یعنی اگر یہ انسان کے لئے "کچھ" کہنے کا کامیاب وسیلہ تھے تو اساساً یہ سب "کہانی" کے ذیل میں آئیں گے۔ نتیجہ یہ نکلا کہ کہانی ایک طرح سے تمام فنونِ لطیفہ کی اصل اور ہر فنی تخلیق کی روحِ رواں ہے۔ دنیا کے کسی بھی ادب میں آغازِ کار ہی سے اِس کا موجود و مروج ہونا بالکل قدرتی بات ہے۔ پھر وہ ادب جو نطق و گفتار کی حدوں سے آگے بڑھ کر تحریر و تسوید کی منزل میں داخل ہو چکا ہو، اُس کے دامن کا افسانوی آرٹ سے خالی ہونا تو ناممکن سی بات ہے۔

اب اِس "کل کی بازاری چھوکری" کے ادب پر بھی نظر ڈالیے۔ اوپر جو حقائق بیان ہوئے اُن کو ذہن میں رکھتے ہوئے قدرتی طور پر یہ سوال پیدا ہوتا ہے کہ داستان اور ناول اور مختصر افسانے کی پیدائش اور ترویج سے پہلے اردو نثر کے کون سے اجزا یا عناصر ایسے تھے جن کو ہم کہانی کے ذیل

میں شمار کرسکتے ہیں ۔ یا جن پر کہانی کا اطلاق ہوسکتا ہے ۔ یا جن کا رشتہ کسی نہ کسی طور پر کہانی کے ساتھ جوڑا جاسکتا ہے۔ اِس مطالعے میں ضمناً یہ حقیقت بھی کھل کر سامنے آجائے گی کہ اردو میں مختصر ناول اور افسانے کی صنفیں کس پس منظر میں ابھریں یا جن عناصر سے اُن کا خمیر اٹھا وہ کس حد تک اردو کے قدیم نثری ادب کی دین تھے ۔ اِس مختصر کتاب میں اِنھیں چند سوالوں کا جواب دینے اور انھیں حقیقتوں کو واضح کرنے کی کوشش کی گئی ہے ۔

پہلا باب

اُردو میں رِوائی تحریروں کا پس منظر

(چودھویں صدی سے اٹھارویں صدی تک کا زمانہ)

گیارہویں صدی عیسوی میں مسلمان حملہ آوروں کے ساتھ شمالی ہندوستان میں وہ اثرات داخل ہوئے جو آگے چل کر ایک نئی مخلوط زبان (اردو) کی پیدائش کا سبب بنے۔ مگر یہ امر حیرت انگیز ہے کہ گیارھویں صدی سے اٹھارویں صدی کے آغاز تک شمالی ہندوستان کی لسانی و ادبی تاریخ مختلف زبانوں کی آمیزش کے علاوہ کوئی دوسرا کارنامہ پیش نہیں کرسکتی۔ ظاہر ہے کہ مختلف اللسان اشخاص یا طبقات کے باہمی میل جول سے چند مختلف زبانوں یا بولیوں کا آپس میں مختلط ہونا اور اس طرح ایک نئے لسانی مرکب یا ایک نئی بیجھڑی زبان کا محض بول چال کی حد تک وجود میں آجانا فی نفسہٖ کوئی ایسی چیز نہیں ہے جس کو ایک نئی زبان کی تولید و تخلیق سے تعبیر کیا جاسکے۔ اِس کو زیادہ سے زیادہ محض نقطۂ آغاز ہی خیال کیا جاسکتا ہے' اُس طویل، پیہم اور مرحلہ وار عمل کا جس کا نتیجہ ایک خاص مدت کے بعد ایک واضح ہیئت اور ایک مستقل وجود رکھنے والی زبان کی شکل میں ظہور پذیر ہوتا ہے۔ اِس حقیقت کی روشنی میں یہ کہنا غلط نہ ہوگا کہ اردو زبان کی تشکیل کا عمل شمالی ہندوستان میں صدیوں تک محض اپنے نقطۂ آغاز ہی پر ٹھیرا رہا۔ نئی مخلوط زبان صرف ہونٹوں اور زبانوں پر نکھرتی رہی اور وہ چیز جس کو تصنیف و تالیف کی منزل کا نام دیا جاسکتا ہے تصور کے حدود سے بھی باہر رہی۔ البتہ تمام دوسرے کلیوں کی طرح یہ کلیہ بھی مستثنیات سے خالی نہیں۔ یقیناً ابتدائی اردو کے کچھ ملفوظات یا تحریری نمونے ایسے ہیں جن کا شمالی ہندوستان کے اِس طویل دَور سے متعلق ہونا پورے طور پر ثابت ہے۔ تحقیقِ زبان کے ماہرین اِس باب میں مندرجۂ ذیل کارناموں کا سُراغ لگا چکے ہیں:

(۱) صوفیائے کرام (مثلاً شیخ فریدالدین گنج شکر، شیخ حمیدالدین ناگوری، شیخ بہاؤالدین باجن، شیخ عبدالقدوس گنگوہی، شیخ بو علی قلندر) کے ملفوظات۔

(۲) کتبِ تواریخ (مثلاً تاریخِ ہمایوں، تاریخِ داؤدی، تاریخِ جہاں گیری) اور سفرناموں (مثلاً ابنِ بطوطہ اور البیرونی کے سفرنامے) میں ابتدائی اردو کے نمونے۔

(۳) سید اشرف جہاں گیر سمنانی کا رسالۂ اخلاق و تصوّف۔ (۱۳۰۸ء) جو ناپید ہے۔

(۴) امیر خسرو (۱۳۲۵ء — ۱۲۵۳ء) کی شاعری۔

(۵) خالقِ باری (۱۶۲۱ء) از ضیاء الدین خسرو۔

(۶) بکٹ کہانی از محمد افضل (متوفی ۱۶۲۵ء)

(۷) رسالہ صراطِ مستقیم معروف بہ سیدھا راستہ (۱۶۶۸ء) از عماد الدین قلندر پھلواروی۔

(۸) عاشورہ نامہ (۱۶۶۸ء) از روشن علی۔ واقعاتِ کربلا سے متعلق ایک طویل نظم ہے۔

(۹) وفات نامہ بی بی فاطمہ (۱۶۹۳ء)۔ اسمٰعیل امروہوی کی لکھی ہوئی ایک طویل نظم۔

(۱۰) معجزۂ انار (۱۷۰۸ء)۔ اسمٰعیل امروہوی کی لکھی ہوئی ایک اور طویل نظم۔

(۱۱) میر جعفر زٹلی (متوفی ۱۷۱۳ء) کی شاعری۔

(۱۲) کربل کتھا (۱۷۳۳ء — ۱۷۳۲ء) از فضل علی فضلی۔

(۱۳) مراثی ریختہ۔ شمالی ہندوستان کے شعراء (صلاح، فزباں علی، قاسم وغیرہ) کے لکھے ہوئے تقریباً ایک سو پچاس مرثیے ہیں جن کے بارے میں خیال ہے کہ عاشور نامہ کی تصنیف سے تقریباً پچاس سال بعد لکھے گئے ہوں گے، یعنی ۱۷۳۸ء کے لگ بھگ۔

(۱۴) قصّہ مہر افروز و دلبر از عیسوی خان بہادر (سالِ تصنیف ۱۷۵۹ء — ۱۷۳۲ء)۔ نثر کے پیرائے میں ایک دلچسپ، طبع زاد داستان ہے۔

(۱۵) نوادر الالفاظ از خان آرزو۔ میر عبد الواسع ہانسوی کی غرائب اللغات کی تصحیح ہے۔

(۱۶) شاہ رفیع الدین دہلوی کا قرآن پاک کا اردو ترجمہ۔ ۱۷۸۸ء میں مکمل ہوا۔

(۱۷) شاہ عبد القادر دہلوی کا قرآن پاک کا اردو ترجمہ۔ ۱۷۹۰ء میں تکمیل کو پہنچا۔

(۱۸) نوطرزِ مرصع از میر محمد عطا حسین خاں تحسین۔ (سالِ تصنیف ۱۷۹۸ء)

ظاہر ہے کہ چھ سو سات سو سال کی طویل مدّت پر پھیلے ہوئے ان لسانی اور ادبی کارناموں میں سے بیشتر کی حیثیت محض نبرکانہ اور اہمیت صرف تاریخی ہے۔ اِن میں جو قدیم ترین ہیں اُن کے پیش نظر شمالی ہندوستان کو نظم و نثر کی ایجاد کا شرف تو غالباً ضرور حاصل ہو جاتا ہے۔ لیکن اِس سے زیادہ کچھ نہیں۔ ہاں، قرآن مجید کے دونوں ترجمے اور تحسین کی نوطرزِ مرصع۔ اِن تینوں کارناموں کی خصوصی اہمیت یہ ہے کہ

یہ اُردو نثر کی تاریخِ ارتقا میں اُس مقام کی نشاندہی کرتے ہیں جہاں سے شمالی ہندوستان کی اردو نثر تصنیف و تالیف کی منزل میں داخل ہوتی ہوئی نظر آتی ہے۔ اور بس! اردو نثر میں تصنیف و تالیف کے ابتدائی کام کا جہاں تک تعلق ہے اُس کا سہرا دکن کے سر ہے۔ اور کیفیت اُس کی اِس طرح ہے:-

شمالی ہندوستان کی نئی مخلوط زبان جو آگے چل کر اُردو کہلائی اور جو ابھی محض بول چال کی زبان تھی علاء الدین خلجی اور محمد تغلق کی فوجوں کے ساتھ چودھویں صدی میں دکن پہنچی اور ہندی اور دکنی کے ناموں سے موسوم ہوئی۔ اِس کا خمیر کھڑی بولی اور ہریانی سے اٹھا تھا جو مغربی ہندی کی دو اہم شاخیں اور دہلی اور نواحِ دہلی کی عوامی بولیاں تھیں۔ مغربی ہندی کی ایک اور شاخ برج بھاشا کے بھی کچھ اثرات اِس میں شامل تھے۔ یوں یہ ایک بھجڑی زبان تھی جو کھڑی بولی، ہریانی، برج بھاشا، ترکی، فارسی، عربی اور دکنی کے عناصر سے مل کر بنی تھی۔ اِس نوزائیدہ زبان نے دکن میں بڑی سرعت کے ساتھ ترقی کی اور چودھویں صدی سے اٹھارویں تک نظم و نثر کی سیکڑوں کتابیں اور رسالے اِس زبان میں لکھے گئے۔ یوں تاریخی اعتبار سے چودھویں صدی سے اٹھارویں صدی تک کا زمانہ اردو نثر کا پہلا دور قرار پاتا ہے جس کا تعلق دکن سے ہے۔ (چودھویں صدی سے پہلے اردو نثر کا سراغ نہ دکن میں ملتا ہے اور نہ شمالی ہندوستان میں)۔

اب دیکھنا یہ چاہیے کہ نثر کے اِس اولین دور کی تصنیفات کی کیا نوعیت تھی۔ نیز یہ کہ اِن تصنیفات میں قصے کہانی کے قبیل کی چیزیں بھی تھیں یا نہیں؛ اور اگر تھیں تو کس نوعیت اور معیار کی؟

اِس طویل مدت میں نثر کی جو بے شمار کتابیں دکنی میں لکھی گئیں اُن پر ایک سرسری نظر ڈالنے سے یہ حقیقت واضح ہوتی ہے کہ اِن میں اکثر کتابیں دینی و مذہبی نوعیت کی تھیں۔ اور حدیث و فقہ، سیرت و تفسیر اور اخلاق و تصوف جیسے موضوعات سے متعلق تھیں۔ قصے کہانیوں کی کتابیں اِن میں بہت کم تھیں۔ "سب رس" اور "طوطی نامہ" جیسی چند داستانوں کے علاوہ یہ سارا نثری سرمایہ غیر افسانوی تھا۔ پھر جو گنتی کے چند افسانے ملتے بھی ہیں وہ بھی تبلیغی نوعیت کے ہیں اور اخلاقی اور روحانی صداقتوں کو پیش کرنے یا مذہبی عقیدوں کو لوگوں کے ذہن نشین کرنے کے لیے لکھے گئے ہیں۔ گویا اِس دور کے قصہ نگاروں کے نزدیک تبلیغی مقصد اصل چیز تھی اور افسانوی پیرایہ محض ایک ذریعہ تھا اور ثانوی حیثیت رکھتا تھا۔ الغرض دکن کا افسانوی ادب مقدار کے لحاظ سے بھی بہت معمولی تھا اور کیفیت و فنیت کے اعتبار سے بھی ادنیٰ درجے کی چیز تھا۔ اب اگر ہم اِس کا سبب جاننا چاہیں تو ہمیں اُن مخصوص حالات کی چھان بین کرنی ہوگی جن میں اُردو زبان اور

اُس کے ادب کا آغاز ہوا۔

ہم دیکھتے ہیں کہ کسی زبان اور اُس کے ادب کا ارتقاء اُس زبان کے بولنے والوں کے ذہنی اور تمدنی ارتقاء کے ساتھ ساتھ قدم اٹھاتا ہے اور ارتقاء کا یہ عمل صدیوں پر پھیلا ہوا ہوتا ہے۔ لیکن اردو زبان و ادب کے حدوث و آغاز اور پھر اُس کے نشو و ارتقاء میں اِس اصول کی کارفرمائی نظر نہیں آتی۔ زبانیں عام طور پر حیاتیاتی ضروریات کی بنا پر وجود میں آتی ہیں۔ لیکن اردو ان حیاتیاتی ضروریات کی بنا پر وجود میں آنے کی بجائے ایک تمدنی ضرورت کے طور پر وجود میں آئی۔ جو لوگ اِس کو وجود میں لائے وہ ذہنی اور تمدنی لحاظ سے بہت ترقی یافتہ تھے۔ اُن کے ذہنی سرمایے اور تمدنی ورثے میں متعدد ترقی یافتہ زبانیں (ترکی، فارسی۔ اور عربی ایک طرف اور سنسکرت اور جدید آریائی زبانیں دوسری طرف) اور اُن کا ادب شامل تھا۔ انھوں نے اردو زبان اور اُس کے ادب کو دو قوموں، دو تہذیبوں اور تمدنوں کے درمیان ایک واسطے کے طور پر۔ ایک وسیلۂ اظہار اور ایک مشترک پلیٹ فارم کی حیثیت سے پیدا کیا۔ اُن کا مقصدِ اصلی ایک تہذیبی نظام کی قدروں کو دوسرے تہذیبی نظام تک پہنچانا تھا۔ اور اسی کا نتیجہ تھا کہ اردو زبان میں بجائے اِس کے کہ عام قاعدے کے مطابق پہلے شاعری وجود میں آتی، پھر جذباتی یا شاعرانہ نثر اور پھر غیر جذباتی یا علمی نثر، سب سے پہلے علمی نثر وجود میں آئی اور شاعری یا افسانے وغیرہ کی حیثیت ثانوی قرار پائی۔

اِس تجزیے کی روشنی میں ہم بآسانی سمجھ سکتے ہیں کہ چودھویں صدی سے اٹھارویں صدی تک کے دکنی ادب میں قصّوں اور کہانیوں کی بہ نسبت علمی، مذہبی اور اخلاقی تصانیف کی تعداد اس قدر زیادہ کیوں ہے۔

یہ امر بھی یاد رکھنے کے قابل ہے کہ اس دور میں قصے کہانیوں کی جو کتابیں لکھی گئیں وہ تقریباً سب دوسری زبانوں سے ترجمے تھے۔ اِس دور کی افسانوی تصانیف میں طبع زاد قصوں کا پتا نہیں چلتا۔ اور اس کا سبب بھی وہی تھا جو اوپر بیان ہوا۔

دوسرا باب

اُردو میں فکشن کے ابتدائی نقوش

(اٹھارویں صدی کے وسط سے انیسویں صدی کے وسط تک)

اٹھارویں صدی کے آغاز میں اردو نظم و نثر کا مرکزِ ثقل دکن سے شمالی ہندوستان منتقل ہوجاتا ہے۔ دکن میں تصنیف و تالیف کا سلسلہ بدستور جاری رہتا ہے، مگر اب اِس کی ادبی اہمیت ختم ہوجاتی ہے، کیونکہ شمالی ہندوستان کا روزمرہ دکنی ہندوستان کے محاورے کے مقابلے میں اردو کے طبعی مزاج سے زیادہ قریب تھا جس کی بنا پر شمالی ہندوستان پہنچنے کے بعد زبان نے صفائی اور پختگی کی منزلیں تیزی کے ساتھ طے کیں۔ چنانچہ اٹھارویں صدی کے وسط سے انیسویں صدی کے وسط تک اردو تعمیر و ارتقا کی متعدد منازل اور ادوار سے گزری۔ مگر قصہ نگاری کے لحاظ سے ہم اِس پورے زمانے کو ایک ہی دور قرار دے سکتے ہیں۔ اور اِس کے بعد ہمارا کام یہ دیکھنا ہوگا کہ اِن سو سالوں میں قصہ نگاری کا کیا حال رہا۔ انیسویں صدی کے وسط کو ایک اہم سنگِ میل خیال کرنا اِس لیے ضروری ہے کہ ۱۸۵۷ء کے بعد غالب اور پھر سرسید اور اُن کے رفقا کی ادبی مساعی کا زریں دور شروع ہوجاتا ہے جس میں اردو نثر وصفی اور مقداری دونوں حیثیتوں سے اتنی آگے نکل گئی کہ آج بھی اِس دور کو اردو نثر کا سنہری زمانہ کہتے میں کسی کو تامل نہیں ہوسکتا۔ اردو ناول کا آغاز بھی اِسی دور میں ہوا۔ اِس لئے قدرتی طور پر انیسویں صدی کا وسط ہمارے موجودہ مطالعے کی آخری حد ہے۔

اِس ایک صدی کی افسانوی تصانیف کے جائزے کو بڑی آسانی کے ساتھ چار حصوں میں تقسیم کیا جاسکتا ہے:-

(۱) اٹھارویں صدی کے شمالی ہندوستان میں نثر کی جو کتاب سب سے پہلے ہماری توجہ کا مرکز بنتی ہے وہ فضل علی فضلی کی "دہ مجلس" یا کربل کتھا ہے جو ۱۷۳۲ء میں لکھی گئی اور مُلا

واعظ حسین کاشفی کی فارسی کتاب "روضۃ الشہداء" کا ترجمہ ہے۔ مگر ظاہر ہے کہ یہ کوئی افسانوی تصنیف نہیں ہے۔ چنانچہ اس کو نظر انداز کرتے ہوئے ہم آگے بڑھتے ہیں تو شمالی ہند کی دوسری اہم نثری تصنیف "قصۂ مہر افروز و دلبر" دستیاب ہوتی ہے، جسے عیسوی خان بہادر نے ۱۷۳۲ء اور ۱۷۵۹ء کے درمیان لکھا۔ یہ ایک طبع زاد داستانِ عشق و محبت ہے اور اسی کو صحیح معنوں میں اردو کے افسانوی ادب کا اولین کارنامہ خیال کرنا چاہیے۔ اس کے تقریباً چالیس سال بعد ہم میر محمد عطا حسین خاں تحسین کی "نو طرزِ مرصع" سے دو چار ہوتے ہیں جو فارسی کی مشہور داستانی تصنیف "قصۂ چہار درویش" کا ترجمہ ہے۔ اس کا سالِ تصنیف ۱۷۹۸ء ہے۔ پھر چونکہ "دہ مجلس" تو کوئی افسانوی کارنامہ ہی نہیں ہے، اور "نو طرزِ مرصع" محض ایک ترجمہ ہے ـــــ اور یہ ہم پہلے ہی دیکھ چکے ہیں کہ چودہویں صدی سے اٹھارویں صدی تک کے طویل زمانے میں دکن نے ایک تصنیف بھی ایسی پیش نہیں کی جس کو حقیقی معنوں میں افسانہ کہا جا سکے ـــــ اس لئے "قصۂ مہر افروز و دلبر" ہی اردو کی پہلی طبع زاد افسانوی تصنیف قرار پاتی ہے۔ نیز یہ کہ اٹھارویں صدی کا پورا ادب جو میر، درد، سودا جیسے بلند مرتبہ شعراء کی غزلوں، میر حسن اور میر اثر کی بلند پایہ مثنویوں اور فضلی، سودا، شاہ رفیع الدین اور شاہ عبدالقادر کی نثری کارگزاریوں پر مشتمل ہے، "قصۂ مہر افروز و دلبر" کے علاوہ قصے کہانی کی کوئی دوسری طبع زاد تصنیف اپنے دامن میں نہیں رکھتا۔

(ب) لیکن اٹھارویں صدی میں جس چیز کی اتنی کمی نظر آتی ہے انیسویں صدی میں اس کی فراوانی ہے۔ ہم دیکھتے ہیں کہ انیسویں صدی کے شروع ہوتے ہی اردو نثر پر بھی وہی بہار آجاتی ہے جو اردو شاعری پر بہت پہلے آچکی تھی۔ اور نہ صرف یہ کہ نثر کی بے شمار اہم تصانیف وجود میں آتی ہیں بلکہ یہ کہ زیادہ تر قصے کہانیوں ہی کی کتابیں لکھی جاتی ہیں۔ فورٹ ولیم کالج میں نثر نگاروں کا ایک جمگھٹ نظر آتا ہے اور یہ سب لکھنے والے داستان یا افسانے ہی کو اپنی توجہ کا مرکز بناتے ہیں۔ میر امن کی "باغ و بہار" کے علاوہ کتنے ہی مصنفوں کے قلم سے کتنی ہی افسانوی تصانیف اس دور میں تالیف کی گئیں جن کی اصل سنسکرت، فارسی اور ہندی کا افسانوی ادب ہے۔

(ج) اس زمانے میں جبکہ فورٹ ولیم کالج میں تصنیف و تالیف کا کام جاری تھا، ہندوستان کے دوسرے علاقوں میں لوگ انفرادی طور پر اردو نثر لکھنے میں مصروف تھے۔ کالج سے باہر جن لوگوں نے اردو نثر کی رفتار کو تیز کرنے کی کوششیں کیں اُن کی فہرست طویل ہے اور ان کے کارنامے کثیر التعداد۔ مگر قصہ نگاری کے سلسلے میں صرف دو نام قابلِ ذکر ہیں۔ انشاء اللہ خاں انشا اور

رجب علی بیگ سرور۔ انشا نے "رانی کیتکی اور کنور اودے بھان" کی کہانی لکھی، اور اس التزام کے ساتھ لکھی کہ "ہندی چھٹ اور کسی بولی سے پُٹ نہ ملے"۔ سرور نے جو اگر دیکھا جائے تو لکھنؤ کے سب سے پہلے مصنف نثر ہیں، کئی قصّے اپنے مخصوص رنگین و پر تکلف اسلوب میں لکھے، یعنی "فسانۂ عجائب"، "سرور سلطانی"، "شرر عشق" اور "شگوفۂ محبت"۔ اور یہ کہنے کی ضرورت نہیں کہ ان میں "فسانۂ عجائب" کو سب سے زیادہ شہرت اور مقبولیت حاصل ہوئی۔ اردو نثر کے ارتقائی سفر میں "باغ و بہار" کے بعد "فسانۂ عجائب" دوسرا اہم سنگ میل ہے۔ لیکن اس کی اہمیت زیادہ تر اس بناء پر ہے کہ اس نے افسانوی اسلوب کو واضح طور پر آگے بڑھایا اور اپنی ہیئت اور ساخت اور مواد و موضوع کے بعض عناصر کی مدد سے جدید ناول کی پیدائش کے لیے راہ صاف کی۔

(د) پھر اسی زمانے میں یعنی سن ستاون سے پہلے اردو کا داستانی ادب وجود میں آیا۔ "الف لیلہ"، "بوستانِ خیال"، "داستانِ امیر حمزہ" اور اس نوع کی دوسری داستانیں جو سینکڑوں جلدوں پر مشتمل اور ہزارہا صفحات کو محیط ہیں، اپنی نوعیت کے لحاظ سے "باغ و بہار"، "آرائشِ محفل" اور "فسانۂ عجائب" وغیرہ سے مختلف نہیں ہیں، مگر حجم و ضخامت میں ان سے کئی کئی گنا بڑی ہیں۔ یہ داستانیں طلسماتی اور عجائباتی ہونے کی بناء پر تو حیرت انگیز ہیں ہی، لیکن وسیع و عریض ہونے کی بناء پر بھی کچھ کم حیرت انگیز نہیں۔ یہ صحیح معنوں میں عظیم الہیئت کارنامے ہیں جو سچ مچ دیوزادوں کی تخلیقات معلوم ہوتے ہیں۔

یہ ہے ایک سرسری جائزہ اٹھارویں صدی کے وسط سے انیسویں صدی کے وسط تک کے قصّوں اور داستانوں کا۔ اس ایک صدی میں اردو نثر نے اپنے ارتقار کی کئی منزلیں طے کیں۔ مگر جیسا کہ اوپر کہا گیا، قصّے کہانی کے ارتقار کے لحاظ سے یہ ایک ہی دور قرار پاتا ہے، کس واسطے کہ اس زمانے میں قصّے کہانیوں کی جتنی کتابیں لکھی گئیں وہ سب مشترک خصوصیات کی حامل ہیں۔ وہ خصوصیات حسب ذیل ہیں:

(ا) زبان اور محاورہ زبان کا انداز قدیم ہے، جو "باغ و بہار" اور فورٹ ولیم کالج کی دوسری تصانیف میں سادگی اور سلاست کی شاہراہ متعین کرتا ہے؛ اور "نو طرز مرصع"، "فسانۂ عجائب" اور اس رنگ کی دوسری تصانیف میں شاعرانہ صنعت گری، رنگین عبارت آرائی اور پُر تصنع قافیہ پیمائی کی فرسودہ روش کو زینت بخشتا ہے۔

(ب) افسانہ نویسی قدیم داستان گوؤں کے نہج پر ہے۔ ایک بنیادی قصّے کے ضمن میں متعدد دوسرے قصّوں کا لانا، بے شمار واقعات کا مسلسل بیان، کردار نگاری کا فقدان، پلاٹ کا ڈھیلا

ڈھالا پن ، غرضکہ قدیم داستان گوئی کے سب انداز اِن تصانیف میں پائے جاتے ہیں ۔

(ج) اکثر قصّوں میں فوق الفطرت عناصر کی کارفرمائی ملتی ہے ۔عقل سوز اور باد ہوائی باتیں اور بعید از قیاس امور دھرائے کے ساتھ پیش کیے جاتے ہیں ۔ زندگی کے حقائق سے روگردانی اور سماجی واقعیت سے گریز و فرار دانستہ طور پر اختیار کیا جاتا ہے ۔

(د) گو اکثر قصّوں کے واقعات اِرد گرد کی حقیقی زندگی سے کوئی لگاؤ نہیں رکھتے تاہم بعض قصّوں میں وقت کے رسم و رواج ، مشاغل و معمولات اور روایات اور معتقدات کی جھلکیاں نظر آجاتی ہیں ۔مگر یہ چیز بالکل اتفاقی ہوتی ہے اور کسی شعوری کوشش یا مقصدی رجحان کی پیداوار نہیں ہوتی ۔

(ہ) تقریباً تمام قصے فارسی ، عربی ، ہندی یا سنسکرت سے ترجمے ہیں ۔طبع زاد افسانہ نگاری اِس دور میں عنقا ہے ۔

تیسرا باب

اردو میں ناول کا آغاز اور ابتدائی نشوونما

(انیسویں صدی کا نصف آخر)

اس دور میں اردو قصہ نگاری کی روایت ناول نگاری کی منزل میں داخل ہوئی۔ یعنی اردو ناول نے ایک باقاعدہ صنفِ ادب کی حیثیت سے جنم لیا۔ ہم دیکھ چکے ہیں کہ ادوارِ ماقبل، خصوصاً انیسویں صدی کے نصف اول میں قصے کہانیوں کی بے شمار کتابیں متعدد اور متنوع افسانوی اسالیب کے تحت اردو میں لکھی گئیں۔ مگر ناول کی مخصوص ٹیکنیک ان میں سے کسی میں نہیں پائی جاتی اور اس کا پایا جانا ممکن بھی نہیں تھا۔ اس لیئے کہ اردو میں ناول کی ٹیکنیک یکسر انگریزی ادب کے اثرات کی مرہون منت ہے اور انگریزی ادب کے اثرات ۱۸۵۷ء کے بعد ہمارے ادب پر پڑنے شروع ہوئے۔ ظاہر ہے کہ ہندوستان سے انگریزوں کا تعلق جتنا پرانا ہے، ہندوستانی ادب پر انگریزی ادب کا اثر اتنا پرانا نہیں ہے۔ ایسٹ انڈیا کمپنی کا پورا دور ہندوستانی سماج اور سیاست کے لیئے حس ایثار، اضطراب، کشاکش، تذبذب، بے اطمینانی اور ابتری کا زمانہ تھا، اس کے ہوتے ہوئے مغرب کے ذہنی اور فکری اثرات بہت دور رس ثابت نہیں ہو سکتے تھے۔ اور ذوقی و وجدانی عوامل کی کارفرمائی تو اِن حالات میں ممکن ہی نہیں تھی۔

البتہ سن ستاون کے بعد ہندوستانی عزائم کی مکمل شکست اور برطانوی تسلط کے مستحکم قیام کے ساتھ جو حالات رونما ہوئے، وہ تہذیبی و ثقافتی کارگزاریوں کے لیئے ضرور موافق و سازگار تھے۔ ان حالات میں جو ذہنی فراغت اور مادی سکون لوگوں کو میسر آیا وہ دراصل سیاسی مغلوبیت اور سیاسی بے بسی کا نتیجہ یا اس کا دوسرا روپ تھا۔ لیکن اس کو کیا کیا جائے کہ اسی عملی بے دست و پائی کے ماحول میں فکری و شعوری اور فنی و ادبی تحریکوں کو جنم لینے اور پروان چڑھنے کا موقع ملا۔ یعنی اسی دور میں برطانوی حکومت کے ساتھ مغربی تہذیب، تمدن، شعر و ادب اور علم و حکمت کے اثرات بھی زیادہ منظم طریقے پر ہندوستان میں داخل ہوئے اور برگ و بار لائے۔ سرسید، آزاد، حالی، نذیر احمد اور اس دور کے دوسرے دانشوروں کی شعوری کوششوں سے اردو ادب نے مغربی ادب کے موضوعات اور اسالیب کو اپنے دامن میں جگہ دی۔ اور اُن جدید رجحانات میں جو اسی طرح اردو نظم و

نثر پر اثر انداز ہوتے، ناول نگاری کا رجحان بہت اہمیت رکھتا تھا۔ گویا اردو میں ناول کا آغاز ایک پہلو تھا اس ادبی نشاۃ الثانیہ کا جس کی رہبری اس زمانے میں سر سید اور ان کے رفقاء کر رہے تھے۔

اُردو کا افسانوی ادب انیسویں صدی کے وسط تک جن منازل سے گذرا اس پر ایک چھلکتی ہوئی نظر پچھلے اوراق میں ڈالی جا چکی ہے۔ اب یہاں اس سوال پر غور کرنا شاید نامناسب نہ ہو کہ ناول کی پیدائش سے پہلے ہمارے افسانوی ادب میں وہ کون سے ایسے عناصر تھے جن کی موجودگی نے ناول کے (اور بالواسطہ طور پر مختصر افسانہ نگاری کے) آغاز و ارتقاء کے لئے خاص طور پر راستہ صاف کیا۔ اس سلسلے میں سرورؔ کی فسانۂ عجائب اور محمد حسین آزاد کی آبِ حیات کا ذکر کیا جاتا ہے۔ فسانۂ عجائب قدیم داستانوں کے سلسلہ کی ایک کڑی ہے، اور زبان و انشاء واقعات نفسِ نیت ماحول اور طرزِ قصہ گوئی کے لحاظ سے قدیم داستانوں ہی کے انداز کی چیز ہے لیکن جس طرح میر امن کی باغ و بہار اپنی باغیانہ، مجددانہ اور تازہ کار روشِ زبان کی بنا پر اردو کی تمام قدیم داستانوں سے الگ اور ممتاز ہو جاتی ہے۔ اسی طرح فسانۂ عجائب بھی بعض ایسے عناصر کی شمولیت کے باعث جو دراصل ناول کی تکنیک کے اہم اجزاء ہیں، اُردو کے قدیم داستانی ادب میں ایک منفرد کارنامہ قرار پاتی ہے۔ کردار نگاری، ماحول کی مصوری اور مقامی رنگ کی عکاسی ناول کے خاص اجزائے ترکیبی ہیں اور اردو کی افسانوی دنیا میں یہ چیزیں ابتدائی، ناپختہ اور نامکمل شکل ہی میں سہی، سب سے پہلے ہمیں فسانۂ عجائب ہی میں ملتی ہیں۔ یوں فسانۂ عجائب ایک پیش رو کی حیثیت اختیار کر لیتی ہے۔ اور قدیم طلسماتی قصوں اور جدید اُردو ناولوں کے درمیان کی کڑی قرار پاتی ہے۔ آزاد کی آبِ حیات افسانوی دنیا کی چیز نہیں۔ (سوا اس کے کہ اس میں جگہ جگہ تاریخی صداقت کا جو فقدان پایا جاتا ہے، یا افسانہ طرازی یا ادبی گپ بازی کی جو مثالیں ملتی ہیں ان کی بنا پر کوئی طنزاً اسے ایسا کہے) یہ ادبی تاریخ و تنقید کے باب میں ایک اہم کارنامہ ہے۔ لیکن آزاد نے شعراء کی شخصیت نگاری اور کردار نگاری کچھ اس طور سے کی ہے کہ حقیقی افسانہ نگاری کے بعض عناصر خود بخود جھلک اٹھے ہیں۔ آبِ حیات کے شخصی و سوانحی مرقعوں میں اشخاص کے ساتھ ان کا ماحول، اُن کی معاشرت، اُن کی رفتار و گفتار اور ان کی چال ڈھال ایک جیتے جاگتے، واقعیت بداماں انداز میں ہماری نظروں کے سامنے آجاتی ہے یہ آزاد کے تصور زا الفاظ کا سحر ہے اور اِس خصوصیت میں آبِ حیات کے ساتھ ان کی دوسری تصانیف مثلاً نیرنگ خیال

"قصصِ ہند" اور "دربارِ اکبری" بھی پورے طور پر شریک ہیں۔ بعض مبصرین کا کہنا ہے کہ آزاد کے اِن سب کارناموں نے اپنے متذکرہ اوصاف کی بناء پر اردو کی جدید ناول نگاری کو متاثر کیا اور بہتر و کامیاب ناولوں کے لیے زمین ہموار کی۔

اردو کے جن ادیبوں نے اِس دور میں ناول نگاری کی طرف توجہ کی اُن میں نذیر احمد، سرشار، شرر، سجاد حسین انجم اور مرزا ہادی رسوا کے نام اہم اور قابلِ ذکر ہیں۔ ان کے ناول اردو ادب کے وقیع کارنامے ہیں، اور متعدد وجوہ کی بناء پر اہمیت رکھتے ہیں۔ لیکن اُن کی اصل اہمیت اِس امر میں ہے کہ اُن کی بدولت اردو قصہ نگاری کی روایت قدیم داستان گوئی کی منزل سے نکل کر جدید الاسلوب افسانہ نگاری کی منزل میں داخل ہوئی۔ اور مغربی ناول کی واقعیت، ارضیت، حقیقت نگاری، سماجی مقصدیت، تنظیم اور باقاعدگی نے اُس میں نئے عناصر کا خون دوڑایا۔ اردو کی دنیائے افسانہ میں یہ ایک انقلاب انگیز اور عصر آفریں تبدیلی تھی۔ یہ ایک بہت بڑا اقدم تھا جو اردو کی قصہ نگاری نے جدیدیت کی طرف بڑھایا۔ پھر یہی وہ چیز بھی تھی جس نے آگے چل کر بیسویں صدی میں مختصر افسانہ نویسی کی پیدائش اور ابتدا کو ممکن بنایا۔ یہ ایک بدیہی امر ہے کہ اگر انیسویں صدی کے آخر میں اردو کا قدیم داستانی اسلوب جدید ناول کے اسلوب میں نہ ڈھل گیا ہوتا تو مختصر افسانہ بھی وجود میں نہ آتا۔ مختصر افسانے کی پیدائش جیسا کہ ہم آگے چل کر دیکھیں گے، متعدد و مختلف اسباب کی مرہونِ منت تھی۔ مگر نذیر احمد اور دوسرے ناول نگاروں کے کارنامے بھی اِس ضمن میں بڑی اہمیت رکھتے ہیں، اِس لیے کہ انھوں نے وہ ضروری تہ زمین فراہم کی جس پر مختصر افسانے کی عمارت استوار کی گئی۔ چنانچہ اِس بات کو ذرا غور سے دیکھنے کی ضرورت ہے کہ نذیر احمد اور دوسرے ناول نگاروں نے قصہ گوئی کے فن کو کن اجتہادات سے گزارا اور کن تغیرات سے روشناس کیا۔

نذیر احمد اردو کے پہلے باقاعدہ ناول نگار تھے۔ "مراۃ العروس" اُن کا پہلا ناول تھا جو ۱۸۶۹ء میں چھپا۔ اِس کے بعد انھوں نے متعدد ناول پے درپے لکھے جن میں "توبۃ النصوح" اور "فسانۂ مبتلا" فنی حیثیت سے دوسرے ناولوں پر فوقیت رکھتے ہیں۔ مولوی صاحب نے قدیم داستانوں اور افسانوں کی عام اور مشترک خصوصیت یعنی فوق الفطرت عناصر کی کارفرمائی سے اپنے ناولوں کو بالکل محفوظ رکھا اور یوں اردو کی قصہ نگاری پہلی بار واقعیت، فطریت اور حقیقت نگاری سے ہم کنار ہوئی۔ اصل یہ ہے کہ مولوی نذیر احمد نے اپنے ناولوں میں جس حقیقت نگاری کو اپنایا وہ اُن سے پہلے تو نایاب تھی ہی، لیکن اُن کے بعد بھی مدتوں نایاب رہی، تا آنکہ موجودہ دور کے ترقی پسندوں

نے اُسے دوبارہ زندہ کیا۔ اُن کے ناولوں میں بعض نمایاں خوبیوں کے ساتھ کچھ واضح عیوب بھی نظر آتے ہیں۔ پلاٹ اور قصہ پن کی کمی اُن کے یہاں اکثر محسوس ہوتی ہے جس کو وہ خطابت، واعظانہ تلقین، اور عالمانہ بحث آرائی سے پورا کرنے کی کوشش کرتے ہیں۔ کردار نگاری میں بھی وہ بہت کامیاب نہیں ہیں، گو اُن کے بعض کردار مثلاً ماما عظمت، مرزا ظاہر دار بیگ، نصوح، کلیم اور مبتلا فی الحقیقت بہت جان دار ہیں۔ سب سے نمایاں نقص مقصدیت کا ابھار ہے۔ تدریسی انداز ہر جگہ غالب رہتا ہے۔ خطابت اور وعظ و تلقین کی زیادتی صناعی اور فن کاری کو اُبھرنے کا موقع نہیں دیتی۔ تبلیغی مقصد کا شعور فنی شعور پر حاوی رہتا ہے۔ تاہم اِس سے انکار ممکن نہیں کہ نذیر احمد کے ناول وقیع کارنامے ہیں اور غیر معمولی وزن و وقار کے حامل ہیں۔

نذیر احمد ہی کے زمانے میں لکھنؤ میں بھی ناول نگاری کے ذوق کی ابتداء ہوئی۔ اور اپنی ابتدائی منزل میں یہ ذوق حلقۂ اودھ پنچ کی ادبی سرگرمیوں میں پروان چڑھا۔" اودھ پنچ" کے خاص لکھنے والوں میں سجاد حسین، سید محمد آزاد اور جوالا پرشاد برق وہ مصنف تھے جنھوں نے ناول نگاری کی طرف بھی توجہ کی۔ اُن کے ناول ہیئت اور تشکیل کے نقطۂ نظر سے نذیر احمد کے کارناموں پر فوقیت نہیں رکھتے۔ گو اُن میں تلقین و وعظ کا وہ جنون نہیں ہے جس نے نذیر احمد کے ناولوں کی فنی حیثیت کو صدمہ پہنچایا۔

سرشار کا کارنامہ "فسانۂ آزاد" بھی اِس اودھ پنچی دور کی پیداوار تھا، گو اُسے پنچیانہ کارنامہ خیال نہیں کیا جا سکتا، کیونکہ جس زمانے میں وہ لکھا گیا اُس وقت تک سرشار حلقۂ اودھ پنچ سے علیحدہ ہو چکے تھے۔ سرشار نے چھوٹے بڑے کئی ناول لکھے، لیکن جو خوبیاں "فسانۂ آزاد" میں جمع ہو گئیں اور سرشار کی حیرت انگیز صلاحیتوں کو جس طرح اِس طویل ڈھیلے ڈھالے قصے میں ظاہر ہونے کا موقع ملا وہ بات کسی دوسرے ناول میں پیدا نہیں ہو سکی۔ اِس ناول کی لائق ذکر خصوصیات بے شمار ہیں۔ غیر معمولی حجم، بے اندازہ پھیلاؤ، نہایت درجہ وسیع کینوس، لاتعداد طبقوں کی نقشہ کشی، بے شمار انسانوں کی ہمدردانہ ترجمانی، انسانی زندگی کے ہزاروں پہلوؤں اور انسانی فطرت کے لاکھوں خصائص کی عکاسی، مزاحیہ کردار نگاری، مسلسل شگفتگی، خوش طبعی، اور زندہ دلی، کہیں لطیف بذلہ سنجی اور کہیں بڑی قہقہہ آفرینی ـــــ یہ اور ایسی کتنی ہی منفرد خصوصیات ہیں جن کی بنا پر یہ ناول ایک دیو قامت ادیب کا عظیم الہیئت اور عظیم القدر کارنامہ قرار پاتا ہے۔ تکنیکی ارتقا کے نقطۂ نظر سے دیکھا جائے تو سرشار نے ناول نگاری کے اسلوب کو آگے نہیں بڑھایا، بلکہ ایک طور سے پیچھے ہٹایا، کیونکہ "فسانۂ آزاد" کی تکنیک نذیر احمد کے ناولوں کی تکنیک سے آگے کی چیز نہیں ہے۔ اور "فسانۂ آزاد" جدید ناول کی بہ نسبت قدیم داستانوں سے زیادہ قریب ہے۔ ابھی

بنا پر یہ خیال کیا گیا ہے کہ سرشار کی تخلیق دو طرزوں کے درمیان کی ایک کڑی ہے۔ اِس میں اگر ایک طرف جدید ناول کے بعض اوصاف پائے جاتے ہیں، تو دوسری طرف "طلسمِ ہوش رُبا" اور "بوستانِ خیال" جیسی داستانوں کے عناصر بھی موجود ہیں۔ اِس صحیح و جائز تنقید کے باوجود "فسانۂ آزاد" کو مجموعی حیثیت سے ناول نگاری کی شاہراہ پر ایک ترقی کا قدم ہی ماننے کو جی چاہتا ہے۔ یہ سچ ہے کہ "فسانۂ آزاد" ایک طویل قصہ ہے، اتنا طویل کہ مصنف اُسے سنبھال نہیں سکا، اور وہ غیر مربوط، غیر مسلسل اور ڈھیلا ڈھالا ہو کر رہ گیا ہے۔ پلاٹ میں اتحاد، ہم آہنگی، گٹھن اور چستی نہیں ہے۔ انتشار اور پراگندگی ہر جگہ ملتی ہے۔ کردار بھی اتنے زیادہ ہو گئے ہیں کہ ناول نگار کے قبضۂ قدرت سے باہر ہوتے نظر آتے ہیں۔ اور سنبھالے نہیں سنبھلتے۔ تحریر میں قدیم قصہ گوؤں کا انداز جگہ جگہ جھلک مارتا نظر آتا ہے۔ لیکن اِن سب باتوں کے ہوتے ہوئے کردار نگاری، خصوصاً مزاحیہ کردار نگاری، افسانوی دلچسپی، ماحول نگاری، منظر کشی، قادر البیانی اور زبان نگاری کے باب میں سرشار کی فتوحات اتنی بلند ہیں کہ "فسانۂ آزاد" کو اردو ناول نگاری کی ایک اہم ارتقائی منزل خیال کیے بغیر چارہ نہیں۔

شرر نے تاریخی ناول نگاری کو اپنا مخصوص میدان قرار دیا۔ لیکن تاریخی ناول نگاری کے جو مطالبات ہیں وہ اُن کو پورا نہیں کرتے۔ نہ اُن کے کارنامے تاریخی ناول نگاری کے معیاروں پر پورے اترتے ہیں۔ یا تو وہ تاریخی ناول کے لوازمات سے پورے طور پر آگاہ نہیں تھے، یا اُن کو اسلامی تاریخ میں وہ بصیرت اور درک حاصل نہیں تھا جو تاریخی ناول نگار کے لیے کامیابی کی اولین شرط ہے۔ بہر حال اُن کا تاریخی ناول نگار ہونا تو محض ایک خیالی بات ہے، البتہ ناول کے اسلوب کو آگے بڑھانے میں انھوں نے قابلِ قدر کام کیا۔ اردو ناول کے اسلوبیاتی ارتقا میں اُن کے کارنامے نذیر احمد اور سرشار کے کارناموں سے بہت آگے کی منزل کا نشان ہیں۔ اور ہم محسوس کرتے ہیں کہ یہ ایک بہت بڑا قدم تھا جو اردو ناول نے ترقی کے راستے پر آگے بڑھایا۔

جہاں تک ناول کی ٹکنیک کا تعلق ہے، شرر براہ راست مغربی ناول سے متاثر ہوتے ہیں اور اِس باب میں اُن کو اپنے پیش روؤں پر نمایاں فضیلت حاصل ہے۔ ہر چند کہ نذیر احمد نے قدیم داستانوں کے مخصوص اسلوب کے خلاف بغاوت کی تھی، اور فوق الفطرت عناصر اور خارقِ عادت امور کو ناول سے خارج کر کے اُسے واقعیت اور عقلیت سے ہم کنار کیا تھا، تاہم جدید ناول کے بہت کم مطالبے انھوں نے پورے کیے۔ رہا "فسانۂ آزاد" تو ہیئت اور بناوٹ

کے لحاظ سے وہ بدیہی طور پر ناول نگاری کا جدید انداز پہلی دفعہ ہمیں شرر کے ناولوں ہی میں ملتا ہے۔ نذیر احمد اور سرشار کے ناولوں کو اگر شرر کے ناولوں کے پس منظر میں دیکھا جائے تو وہ ایک عبوری دور کے کارنامے معلوم ہوتے ہیں اور صاف یہ محسوس ہوتا ہے کہ جدید ناول نگاری کی باقاعدہ ابتدا شرر نے کی۔

اردو ناول کے ارتقائی سفر میں اگلا اہم سنگ میل سجاد حسین انجم کسمنڈوی کا ناول "نشتر" ہے جو ۱۸۹۴ء میں لکھا گیا۔ (یہ اپنی بناوٹ اور خارجی ہیئت کے لحاظ سے دراصل ایک "طویل مختصر افسانہ" ہے نہ کہ ناول یا ناولٹ، اور اپنی صنف کے ایک نہایت اعلیٰ معیار پر پورا اترتا ہے۔ لیکن افسانوی اسالیب کے اِس جائزے میں ہم سر دست اِس کو ناول یا ناولٹ ہی خیال کرنا مناسب سمجھتے ہیں۔) صاف ستھری بول چال کی زبان جیسی کہ ناول میں ہونی چاہیے، گٹھا ہوا پلاٹ، اچھوتا مواد، بے پناہ تاثیر، اور ایک لمحے کے لیے بھی کم نہ ہونے والی دلچسپی — یہ اُس کی نمایاں خصوصیات ہیں۔ قصہ کڑی کمان کے تیر کی طرح بہ خطِ مستقیم سرعتِ رفتار کے ساتھ اپنا سفر طے کرتا ہے، اور پڑھنے والا بھی پڑھنے کے بعد یہی محسوس کرتا ہے کہ ایک تیر تھا جو دِل میں چھِد کر رہ گیا۔ تاثیر سے قطع نظر فنی تشکیل کے لحاظ سے یہ ناول نذیر احمد، سرشار اور شرر کے کارناموں سے بہت آگے ہے، اور یہاں ہم بے اختیار یہ محسوس کرتے ہیں کہ اردو ناول نے فنی ارتقا کی منزلوں کو بڑی سرعت کے ساتھ طے کیا۔ فنّیت کے اعتبار سے "نشتر" کا جو مقام ہے وہاں سے مختصر افسانے کا نقطۂ آغاز کچھ بہت دور نہیں رہ جاتا۔

لیکن اِس سے پہلے کہ مختصر افسانہ اردو میں جنم لے، اردو قصہ نگاری کی روایت نے ایک اور شاہکار ناول کو جنم دیا۔ مرزا محمد ہادی رسوا کا ناول "اُمراؤ جان ادا" ساخت کے لحاظ سے پچھلے تمام کارناموں پر فوقیت رکھتا ہے۔ اور بعد کے اکثر ناولوں سے بھی بہتر ہے۔ ابتدائی حصہ جس میں ہیروئن کو قارئین سے متعارف کرایا گیا ہے تعارف و تقریب کے ایک قدیم اور فرسودہ انداز کا نمونہ ہے اور اِسی لیے غیر دلچسپ اور بے جان ہے۔ لیکن باقی تمام قصہ جو خود نوشت سوانح عمری کے انداز میں ہے تنظیم، باقاعدگی، توازن اور حسنِ تشکیل کے اعتبار سے لاجواب ہے۔ واقعات کی تہیں آہستہ آہستہ کھلتی ہیں۔ ایک واقعے کے بطن سے دوسرا واقعہ قدرتی طور پر پیدا ہوتا ہے، اور قصہ دھیمے اور دل نشین انداز میں بتدریج آگے بڑھتا ہے۔ واقعات میں جو ترتیب، ربط، تسلسل

اور ارتقاء ہے وہ ایک فطری انداز لیے ہوئے ہے اور آورد یا ساختگی کے احساس سے قطعی مبرّا ہے۔ مجموعی حیثیت سے فنی ضبط و احتیاط "امراؤ جان ادا" کی بہت نمایاں اور قابل تعریف خصوصیت ہے۔ حقیقت یہ ہے کہ یہ کارنامہ محض رسوا ہی کا شاہکار نہیں بلکہ اردو میں فن ناول نویسی کا شاہکار بھی ہے۔ شرر کے ناولوں کے بعد یہ بھی ایک بہت بڑا قدم تھا جو اردو ناول نے ترقی کے راستے پر اٹھایا۔ نذیر احمد کے ناولوں میں اصلاحی جذبہ اور مقصدی رجحان بہت زیادہ نمایاں تھا جس نے اُن کے کارناموں کو مواعظ و نصائح کی پوٹ بنا کر رکھ دیا۔ سرشار کا کارنامہ ساخت اور تشکیل کے لحاظ سے قدیم داستانوں کے انداز کی چیز تھی۔ شرر نے بے شک جدید ناول کی ٹکنیک سے کام لیا، لیکن اِس کے باوجود اُن کے ناول اپنی ہیجان پسندی، سستی جذباتیت اور نام نہاد تاریخی رومان نگاری کے سبب سے کچھ قدیم انداز کی چیز معلوم ہوتے ہیں۔ یا یوں کہیے کہ جس طرح نذیر احمد اور سرشار کے ناول شرر کے ناولوں کے مقابلے میں قدیم انداز یا عبوری دور کے کارنامے معلوم ہوتے ہیں، اُسی طرح شرر کے ناول "امراؤ جان ادا" کے مقابلے میں کچھ پرانے، کچھ ناپختہ اور کچھ نامکمل سے نظر آتے ہیں۔ قصہ مختصر یہ کہ "امراؤ جان ادا" پہلا ناول ہے جو عبوری یا تجرباتی دور کی پیداوار معلوم ہونے کی بجائے اپنی صنف کا ایک پختہ، کامیاب اور بلند نمونہ ہے۔ اور ایک ترقی یافتہ رچے ہوئے فنی شعور کی پیداوار معلوم ہوتا ہے۔ "امراؤ جان ادا" تک پہونچ کر اردو ناول اپنے ابتدائی نشو و نما کے اختتام کو پہنچ جاتا ہے۔

چوتھا باب

اردو میں مختصر افسانے کی ابتدا: پریم چند

(بیسویں صدی کا نصف اول)

اردو میں مختصر افسانہ نگاری کے فن نے بیسویں صدی کے ابتدائی سالوں میں آنکھ کھولی۔ پریم چند کو اِس فن کا بانی خیال کیا گیا ہے جو بڑی حد تک صحیح ہے۔ "بڑی حد تک" اِس لیے کہ پریم چند سے پہلے ماسٹر پیارے لال کے قلم سے دو تین افسانے وجود میں آچکے تھے، جن میں کم سے کم ایک افسانہ (من سکھی اور سندر سنگھ کا قصہ) ضرور ایسا تھا جو بڑی حد تک جدید مختصر افسانے کے فنی اوصاف سے متصف تھا۔ یہ شاید اردو کا پہلا مختصر افسانہ تھا۔ لیکن ماسٹر پیارے لال یا اُن کے افسانے کسی تحریک یا روایت کی بنیاد ڈالنے میں کامیاب نہیں ہوئے۔ اِس لیے لامحالہ پریم چند ہی اردو مختصر افسانے کے بانی قرار پاتے ہیں۔ اِس ضمن میں ہمیں یہ بھی یاد رکھنا چاہیے کہ پریم چند سے پہلے "نشتر" اور کچھ اور طویل مختصر افسانے بھی لکھے جا چکے تھے، اور گو اُس وقت اِن سب کو ناول کے ذیل میں شمار کیا گیا لیکن در اصل وہ مختصر افسانے ہی کے قبیل کی چیزیں تھیں۔

پریم چند (۱۸۸۰ء — ۱۹۳۶ء) کی ادبی زندگی کا آغاز ۱۸۹۸ء سے ہوتا ہے۔ پہلے انھوں نے ناول لکھے۔ افسانہ نگاری بعد میں شروع کی۔ ۱۸۹۸ء اُن کی زندگی کا ایک اہم سال تھا۔ اِس سال انھوں نے اپنی اسکول کی تعلیم ختم کی اور میٹریکولیشن کا امتحان پاس کیا۔ اِسی سال اُن کا پہلا ناول "اسرارِ محبت" ہفتہ وار اخبار "آوازِ خلق" (بنارس) میں بالاقساط شائع ہوا۔ پھر ۱۹۰۱ء میں ایک ناتمام ناول "پرتاپ چند" چھپا۔ ۱۹۰۴ء میں "ہم خرما و ہم ثواب" لکھنؤ سے شائع ہوا۔ پریم چند کا مشہور ناول "بیوہ" در اصل "ہم خرما و ہم ثواب" ہی کی ترمیم شدہ صورت ہے۔ اور یہی وہ ناول تھا جو ہندی میں پہلے "پریما" اور پھر ترمیم کے ساتھ "پرتگیا" کے نام سے شائع ہوا۔ پریم چند کی ناول نگاری کا یہ سلسلہ جاری رہتا ہے اور بالآخر "میدانِ عمل" اور "گئو دان" تک پہنچتا ہے جو اُن کی زندگی کے آخری سالوں میں لکھے گئے۔

پریم چند نے افسانہ نگاری ۱۹۰۷ء سے شروع کی۔ اُن کا پہلا افسانہ "دنیا کا سب سے انمول رتن" تھا، جو ۱۹۰۷ء میں "زمانہ" (کان پور) میں شائع ہوا۔ اِسی سال (۱۹۰۷ء) پانچ افسانوں کا مجموعہ "سوزِ وطن"، جو پریم چند کا سب سے پہلا مجموعہ ہے، زمانہ پریس (کان پور) سے چھپا۔ یہ مختصر افسانہ نگاری کے اُس طویل سلسلے کا آغاز تھا جو اردو کے اِس اولین اور بہترین افسانہ نگار کی زندگی میں عمر بھر جاری رہا اور "کفن" جیسے افسانے پر منتہی ہوا جو نہ صرف پریم چند کا بہترین افسانہ ہے، بلکہ اردو افسانہ نگاری کا منتہائے کمال بھی ہے۔ پریم چند کے مختصر افسانوں کی تعداد سیکڑوں تک پہنچتی ہے، اور جہاں اُن کے ابتدائی کارناموں میں قدیم داستانی رنگ کے ساتھ ساتھ فنی ناپختگی یا افسانوی "ٹکنیک" کی طرف سے بے پروائی کی مثالیں بہت ہیں۔ وہاں اُن کے کامیاب تر افسانوں، خصوصاً آخری دور کی تخلیقات میں فن اور اسلوب پر ساحرانہ قدرت کے نمونے بھی کچھ کم نہیں ہیں۔ کچھ خصوصیات البتہ ایسی ہیں جن سے پریم چند کسی حال میں دست بردار نہیں ہوتے اور جو شروع سے آخر تک اُن کی افسانوی تخلیقات میں لازمی اوصاف کے طور پر پائی جاتی ہیں۔ وہ خصوصیات ہیں: مواد کی سماجی نوعیت، موضوع سے سچّی اور گہری واقفیت، اور غایت و مقصد کے باب میں حقیقی خلوص!

پریم چند کے افسانوں کا ایک سرسری مطالعہ یہ ثابت کرنے کے لیے کافی ہے کہ انھوں نے اپنے فن کی پرورش و پرداخت میں مشرق یا مغرب کے افسانوی ادب کے کسی خاص نمونے یا نمونوں کو اپنے سامنے نہیں رکھا، اور واضح طور پر یا شعوری انداز میں کوئی خارجی اثر قبول نہیں کیا۔ انھوں نے اپنی طالب علمی کے زمانے میں اردو کے قدیم داستانی ادب کا مطالعہ کیا تھا، اور سرشار اور شرر کے کارناموں کے علاوہ اُنیسویں صدی کے نصف آخر کے اکثر اردو ناول اُن کی نظر سے گزرے تھے۔ اِسی زمانے میں رینالڈز کے انگریزی ناولوں کے ترجمے دھڑا دھڑ شائع ہو رہے تھے اور پریم چند بقول خود اُن کے عاشق تھے۔ غرضکہ مجموعی طور پر انھوں نے نوعمری میں سیکڑوں ناول پڑھے۔ پھر اُن کے افسانوں میں انسان دوستی، انسانی ہمدردی اور معاشرتی اصلاح کا جو جذبہ، کہیں واشگاف انداز میں اور کہیں در پردہ اور مبہم طور پر پایا جاتا ہے اُس سے خیال ہوتا ہے کہ ٹالسٹائے اور سرت چندر چٹرجی اور ٹیگور کے افسانوی کارناموں سے وہ کسی نہ کسی حد تک ضرور واقف اور متاثر تھے۔ کوئی شعوری پیروی اِن عظیم افسانہ نگاروں کی بھی اُن کے یہاں نہیں ہے۔ حقیقت یہ ہے کہ پریم چند ایک سچے فن کار تھے۔ اور ایک سچے فن کار کی طرح انھوں نے اپنے ذاتی علم، ذاتی بصیرت اور ذاتی مشاہدے کے ستونوں پر اپنے فن کی عمارت کو استوار کیا۔ اور ذوقِ صحیح کی رہنمائی میں اپنی

حقیقت نگاری کو پروان چڑھایا۔

سطور بالا میں اِس عام اور اجتماعی عقیدے کا اظہار کیا گیا ہے کہ اردو میں مختصر افسانے کی ایجاد کا سہرا منشی پریم چند کے سر ہے۔ لیکن اِس سلسلے میں بجا طور پر کہا جا سکتا ہے کہ کوئی اہم اور دیر پا تحریک، خواہ وہ ادبی ہو یا سیاسی، تمدنی ہو یا معاشرتی، کبھی کسی ایک شخص کا کارنامہ نہیں ہوتی۔ کسی بھی قابل ذکر تاریخی تبدیلی کا سہرا کسی ایک شخص کے سر باندھنا اصولی طور پر غلط ہے۔ عصر آفریں شخصیتیں عصر آفریں ہونے سے پہلے یا عصر آفریں ہونے کے ساتھ ساتھ عصری پیداوار بھی ہوتی ہیں۔ حالات و واقعات کو متاثر یا منقلب کرنے والے اشخاص خود بھی حالات و واقعات کی تخلیق ہوتے ہیں۔ دوسرے الفاظ میں، زمانے کی تاریخی ضرورتیں اور تاریخی تقاضے اصل چیز ہیں، اور اشخاص و افراد مع اپنے کارناموں کے ثانوی حیثیت رکھتے ہیں۔ چنانچہ قدرتی طور پر یہ سوال پیدا ہوتا ہے کہ ادب، زندگی اور زمانے کے وہ کون سے عوامل و محرکات تھے جو بیسویں صدی کے شروع میں مختصر افسانے کو وجود میں لانے کا باعث بنے۔ اِس ضمن میں حسب ذیل امور کا ذکر کیا جا سکتا ہے:

(۱) بیسویں صدی کے آغاز تک اردو قصہ نگاری کی قدیم روایت مذہبی قصّوں، اخلاقی حکایتوں، طلسماتی داستانوں اور جدید الوضع ناولوں سے گزرتی ہوئی اُس منزل میں داخل ہو چکی تھی جہاں مختصر افسانے کی پیدائش کوئی مستبعد اور دشوار بات نہیں تھی۔ انیسویں صدی کے آخری سالوں میں اردو کا قدیم داستانی اسلوب جدید ناول کے اسلوب میں ڈھل چکا تھا، اور اچھے برے ناولوں نے مختصر افسانے کے لیے ضروری تہ زمین پہلے ہی فراہم کر دی تھی۔

(۲) اردو کے علاوہ بعض دوسری ہندوستانی زبانیں انیسویں صدی ہی میں مختصر افسانے کے فن سے آشنا ہو چکی تھیں۔ اور بنگالی زبان میں ٹیگور اور سرت چندر چٹرجی جیسے عظیم افسانہ نگار منظر عام پر آ چکے تھے اور اپنے افسانوی کارناموں کے لازوال نقوش ہندوستانی ادبیات کے دامن پر ثبت کر چکے تھے۔ ظاہر ہے کہ اردو کی دنیائے ادب ہم سایہ اور ہم عصر زبانوں کی تخلیقات سے بہت زیادہ دنوں تک بے خبر نہیں رہ سکتی تھی۔ اور اردو میں مختصر افسانے کا ورود ایک قدرتی بات تھی۔

(۳) مغرب میں مختصر افسانہ نگاری کی باقاعدہ ابتدا انیسویں صدی کے شروع میں ہوئی تھی۔ اور اب بیسویں صدی ۱۹۰۰ کے آغاز میں، پوری ایک صدی کے نشو و ارتقا کے بعد وہاں یہ فن عروج و بالیدگی

کی انتہائی بلندیوں کو چھو رہا تھا۔ واشنگٹن اروِنگ، ہاتھورن، ایڈگرایلن پو، چارلز ڈکنس، رابرٹ لوئی اسٹیونسن، اناطول فرانس، پال ہارو پو اور مارسل پراؤسٹ جیسی تابناک ادبی شخصیتوں کے گہوارۂ فن میں پرورش پانے کے بعد اب مغربی افسانہ اپنی تمام جاذبیتوں اور رعنائیوں سمیت چیخوف اور موپساں کی عظیم شخصیتوں سے وابستہ ہو چکا تھا۔ چیخوف اور موپساں افسانے کی دنیا میں دو منارۂ نور تھے جن کی روشنی سے عالمی ادب کے بعید ترین گوشے جگمگا رہے تھے۔ اور یہ ممکن نہیں تھا کہ اردو کی دنیائے ادب اِس رنگ و نور کے فیضان سے یکسر محروم رہتی۔ خصوصاً اِس لیے کہ اب ہندوستانی نوجوانوں کی جو نسلیں پروان چڑھ رہی تھیں وہ یکسر مغربی طرزِ تعلیم کی ساختہ و پرداختہ تھیں۔

(۴) مغرب میں انفرادی اور اجتماعی زندگی انیسویں صدی کے سکون و خواب سے نکل کر بیسویں صدی کے ہیجان و انتشار میں داخل ہو چکی تھی۔ تمدن اور سماج، سیاست اور اقتصادیات، اخلاقی اقدار اور مذہبی معتقدات، فلسفیانہ نظریات اور جمالیاتی تصورات، غرضکہ زندگی کا ہر گوشہ ہر شعبہ اور ہر پہلو اِس خلفشار، انتزاع اور اختلال سے دوچار تھا جو آگے چل کر دو عظیم جنگوں کی بدولت اور بھی شدید اور بحرانی صورت اختیار کرنے والا تھا۔ پرانی زندگی کے ڈھانچے میں ٹوٹ پھوٹ شروع ہو چکی تھی۔ صدیوں پرانی تہذیب کی عظیم الشان عمارت میں شگاف نظر آنے لگے تھے۔ زندگی کی بڑھتی ہوئی جدوجہد کے ساتھ داخلی طمانیت مفقود ہوتی جا رہی تھی۔ ضیق فرصت کا احساس بتدریج بڑھ رہا تھا۔ جب اجتماعی زندگی پر مجنونانہ تیز رفتاری کا دورہ پڑ چکا ہو، اور افراد عجلت، بدحواسی اور بے اطمینانی میں مبتلا ہوں، تو کسی چیز کو زیادہ دیر تک نظر جما کے دیکھنا ناممکن ہو جاتا ہے۔ کیونکہ ایک طرف تو دیکھنے والی نظر خود ہی سکون و استقامت سے محروم ہوتی ہے، اور دوسری طرف جس چیز کو دیکھا جاتا ہے اُسے بھی کسی پہلو قرار نہیں ہوتا۔ نتیجہ یہ کہ زندگی کے دھارے ذہن و ادراک اور فکر و شعور کی گرفت میں آنے سے انکار کرنے لگتے ہیں۔ اور زمانے کے حادثات و واقعات کو دل و دماغ میں رچانے، بسانے اور حل کرنے کا عمل تو تقریباً ناممکن ہو جاتا ہے۔ بیسویں صدی کے آغاز میں مغربی ممالک کی زندگی کچھ ایسی ہی صورتِ حال سے دوچار تھی۔ پھر اِس صورتِ حال کے ہوتے ہوئے مختصر افسانے کی مقبولیت کا غیر معمولی طور پر بڑھ جانا — لکھنے والوں میں بھی اور پڑھنے والوں میں بھی — بالکل فطرتی بات ہے۔ ہندوستان اِس صورتِ حال سے ابھی اِس حد تک دوچار نہیں ہوا تھا۔ لیکن اِن اثرات سے بالکل بے گانہ بھی نہیں تھا۔ ۱۸۵۷ء کے

ہوش ربا واقعات کے بعد ہندوستان کو نیند سی آگئی تھی۔ یا شاید ایک غشی کا عالم تھا جو پورے ملک پر طاری ہوگیا تھا۔ اور سچ پوچھیے تو وہ نہ نیند تھی نہ غشی کا عالم تھا، نری دہشت زدگی تھی! کم و بیش پچاس برس تک ہندوستانیوں کے ذہن اور ضمیر اور اعصاب و قوٰی پر یہ دہشت چھائی رہی۔ اب بیسویں صدی کے آغاز میں ہندوستان آہستہ آہستہ اُس کے اثر سے آزاد ہو رہا تھا۔ جیسے کوئی انگڑائی لے کر بیدار ہو رہا ہو! زندگی کے مختلف شعبوں میں نئی لرزشوں اور نئی تھرتھراہٹوں کے آثار دکھائی دینے لگے تھے۔ ادبیات کی دنیا بھی نئے رجحانات کی پذیرائی پر آمادہ اور نئے زمانے کی خوش آئند تبدیلیوں کو اپنے دامن میں جگہ دینے کے لیے مستعد نظر آتی تھی۔ اردو شعر و ادب نے جن نئے اسالیب، اصناف اور مناہج کے لیے اپنا آغوش وا کیا تھا اُن میں جدید مختصر افسانہ بھی تھا۔

یہ ہے ایک مختصر تجزیہ اُن حالات و کوائف کا جن کے تحت اردو میں مختصر افسانے کی ابتدا ہوئی۔ پریم چند کی رہنمایانہ کارگزاری کی اہمیت مسلّم ہے۔ لیکن اِس تہذیبی و ثقافتی پس منظر کے بغیر شاید یہ کارگزاری ممکن نہ ہوتی۔

پانچواں باب

مختصر افسانے کا تشکیلی دور

(۱۹۱۴ء سے ۱۹۳۵ء تک)

مختصر افسانہ بیسویں صدی کے ابتدائی سالوں میں وجود میں آنے کے بعد قدرتی طور پر ترقی کی مختلف منزلوں سے گزرا۔ اُس کے راستے میں کئی اہم موڑ آئے۔ وہ خارزاروں سے بھی گزرا اور سبزہ زاروں سے بھی۔ اُس نے دلدلوں اور بیابانوں میں بھی سفر کیا اور گل پوش وادیوں میں بھی۔ اِس پُرتنوع سفر کے سارے اثرات اور اکتسابات آج کا اردو افسانہ اپنے دامن میں لیے ہوئے ہے۔ مطالعے کی سہولت کے لیے اِس سفر کی روداد کو کئی حصوں میں تقسیم کیا جا سکتا ہے۔ دوسرے الفاظ میں، اردو افسانے کی تاریخ کو ہم چند واضح ارتقائی ادوار پر مشتمل خیال کر سکتے ہیں۔ اولین دور کو تشکیلی دور کہا جائے گا، اور ہمارے خیال میں اِس کو ۱۹۱۴ء سے ۱۹۳۵ء تک کے زمانے پر پھیلا ہوا سمجھنا چاہیے۔ ۱۹۱۴ء کی اہمیت یہ ہے کہ اِس سال پہلی جنگ عظیم کے آغاز کے ساتھ انسان نے اپنی صدیوں پرانی زندگی کو ایک قطعی اور فیصلہ کُن انداز میں تاریخ کے حوالے کر دیا اور خود ایک نئے راستے پر چل پڑا۔ نئی زندگی کا پرانی زندگی سے یوں ایک جھٹکے کے ساتھ الگ ہو جانا ہی وہ حقیقت ہے جس کی بنا پر ۱۹۱۴ء انسانی تاریخ کا ایک اہم سنگ میل قرار پاتا ہے۔ اِس امر کے پیش نظر اردو افسانے کا نقطۂ آغاز بھی ۱۹۱۴ء ہی کو قرار دینا کچھ نامناسب نہ ہوگا۔ افسانے کے اِس پہلے دور کو ۱۹۳۵ء تک ختم سمجھنا ہوگا۔ کیونکہ ۱۹۳۶ء سے اردو افسانہ نہایت واضح اور نمایاں طور پر ایک نئے اور زیادہ ترقی یافتہ دور میں داخل ہو جاتا ہے۔ بہر حال سر دست ہمارا مطالعہ تشکیلی دور کی حدود میں محصور ہے۔

جدید ہندوستان کی تاریخ میں یہ دور سیاسی و معاشی ارتقاء، نیز ذہنی و فکری ہیجان کے لحاظ سے ایک خاص اہمیت کا حامل ہے۔ ۱۸۵۷ء کے ہوشربا واقعات نے مرعوبیت اور

دہشت زدگی کی جو عام فضا پیدا کی تھی اُس کے اثرات ہندوستانی دل و دماغ پر نصف صدی سے زیادہ مسلط رہے۔ مذہبی و معاشرتی اصلاح اور ثقافتی تجدد کی وہ تحریکیں جو انیسویں صدی کے نصف آخر میں برپا ہوئیں اور جاری رہیں دراصل اِنھیں اثرات کے ذیل میں آتی ہیں۔ وہ اِسی گھٹی ہوئی فضا میں جنم لے سکتی تھیں۔ اور پروان چڑھ سکتی تھیں۔ علی گڑھ تحریک اُن کی ایک بہت اچھی مثال ہے۔ یہ تمام تحریکیں ایک تہذیبی نشاۃ الثانیہ کی نقیب تھیں۔ مگر اِن کا دائرہ کار تنگ اور اِن کے مقاصد محدود تھے۔ یہ چند بالائی خوش حال طبقوں کی تحریکیں تھیں اور عوام یا عوامی زندگی سے اِن کا تعلق نہ ہونے کے برابر تھا۔ شاید یہ کہنا غلط نہ ہو کہ یہ تحریکیں نہیں تھیں، محض تنظیمیں تھیں۔ بہرحال اب بیسویں صدی کے آغاز میں انفعالیت و مجہولیت کی وہ فضا ختم ہونی شروع ہوئی، اور ایک فعّال بیداری کے دور کا آغاز ہوا۔ ہندوستانی ذہن جو ایک مدّت تک بے بسی، شکست خوردگی، فدویت اور زبونیِ ہمّت کا شکار رہا تھا بے اختیار کروٹیں سی لینے لگا۔ تنظیمیں تحریکوں میں بدلنے لگیں، اور قومی رہنماؤں اور کارکنوں کی توجہ مذہب اور معاشرت سے ہٹ کر براہ راست سیاست اور سیاسی مسائل پر مبذول ہونی شروع ہوئی۔ سیاسی شعور بڑھا اور سیاسی خطوط پر سوچنے کے رجحان میں اضافہ ہوا۔ اُدھر پہلی جنگِ عظیم نے ساری دنیا کے ساتھ ہندوستان کو بھی اِس طرح جھنجھوڑا کہ صدیوں پُرانے سکون و جمود کا طلسم ٹوٹ گیا اور کروڑوں اونگھتے ہوئے انسان گویا انگڑائیاں لیتے ہوئے بیدار ہو گئے۔ جس طرح انقلاب فرانس نے یورپ کے پس ماندہ اور محکوم و مجبور عوام میں آزادی، جمہوریت اور مساوات کی لہر دوڑائی تھی، بالکل اُسی طرح اِس جنگ نے ہندوستان اور دوسرے ایشیائی ممالک میں حرکت اور بیداری کا صور پھونکا، اور ایک عام ہیجان و اضطراب کی کیفیت پیدا کی۔ جنگِ عظیم کے علاوہ اِس دور کی تاریخ بے شمار اہم اور غیر اہم واقعات اور تہلکات سے پُر نظر آتی ہے۔ ۱۹۱۱ء میں جنگ طرابلس اور ۱۹۱۲ء میں جنگ بلقان ہوئی۔ حجاز، فلسطین، ایران اور افغانستان میں طرح طرح کے سیاسی حادثات رونما ہوتے رہے۔ روس میں جہاں ۱۹۰۵ء کے انقلاب کی بنا پر پہلے ہی سیاست کی باگ ڈور جمہوری قوتوں کے قبضہ و اختیار میں آچکی تھی، ۱۹۱۷ء کا اکتوبر انقلاب ہوا جو تاریخ کے عظیم ترین انقلابوں میں شمار ہوتا ہے۔ اِسی دور میں جاپان ایک جدید الوضع ریاست کی حیثیت سے بین الاقوامی سیاست کی سطح پر ابھرا۔ ہندوستان

میں تحویلِ پسندی نے زور پکڑا۔ خلافت کی تحریک برسوں دلوں میں آگ لگاتی رہی۔ تحریک خلافت کے دوران ہی میں اور اُس کے پہلو بہ پہلو ۱۹۲۱ء کی تحریک عدم تعاون برپا ہوئی جو ۱۸۵۷ء کی بغاوت کے بعد برطانوی اقتدار کے خلاف پہلا منظم اور جارحانہ اقدام تھا۔ پھر ۱۹۳۰ء اور ۱۹۳۲ء کی سول نافرمانی کی تحریکوں نے بغاوت کی آگ کو ہندوستان کے متوسط طبقوں کی حدود سے نکال کر عوامی زندگی کی وسعتوں میں پھیلایا۔ تاریخ کے اِسی دور میں یورپی فاشزم کی ابتدا ہوئی۔ اٹلی میں جنم لینے کے بعد یہ سرمایہ دارانہ آمریت جرمنی کی سیاسی بساط پر نازیت کی شکل میں نمودار ہوئی۔ پھر اُس نے اسپین میں قدم جمائے۔ اور یوں کچھ ہی دنوں میں یہ وبا یورپ کے ایک بڑے حصے پر مسلّط ہو گئی۔ آگے چل کر اِسی نے دوسری جنگِ عظیم کا بھیانک روپ اختیار کیا۔ ملکی اور غیر ملکی سیاست کی یہ کروٹیں ہندوستانی ذہن کو برابر متاثر کرتی رہیں۔ سیاسی کروٹوں کے ساتھ ملکی معیشت میں واقع ہونے والی اہم تبدیلیوں نے بھی ہندوستانی ذہن کو جگانے اور بدلنے کا فریضہ انجام دیا۔ پہلی جنگِ عظیم کے دوران میں انگریزوں نے فوجی ضرورتوں کے پیشِ نظر اور وقت کی سیاسی مصلحتوں سے مجبور ہو کر ہندوستان میں صنعتی فروغ کی داغ بیل ڈالی۔ ہندوستان جس کی حیثیت اب تک مغرب کی صنعتی پیداوار کی منڈی سے زیادہ نہیں تھی اب کسی حد تک صنعتی پیداوار کا میدان بھی بنا۔ ہندوستانی سرمایہ داروں کو ابھرنے کا موقع ملا۔ ملکی سرمایہ داری نے جنم لیا۔ اِس کے ساتھ ساتھ صنعتی مزدوروں کا طبقہ بھی وجود میں آیا۔ یہ ایک نیا اقتصادی طبقہ تھا جو اپنے تمام حرکی میلانات اور ترقی پر ورانہ رجحانات کے ساتھ ہندوستانی معیشت و معاشرت کی سطح پر اِس دور میں نمایاں ہوا۔ اور یہ تبدیلی دراصل ملک کے اقتصادی ڈھانچے میں ایک بنیادی تبدیلی تھی جس نے اِس دور کی ہندوستانی زندگی کی عام ہل چل میں اضافہ بھی کیا اور ہندوستانی ذہن کی بیداری کو ایک خاص میلان اور ایک خاص سمت بھی عطا کی۔ اِس خاموش لیکن ہمہ گیر اور دور رس انقلابی تغیر کے کتنے ہی پہلو تھے۔ مثال کے طور پر یہ کہ دیہات کے ہزاروں لاکھوں باشندے جو زمینداری اور کاشتکاری کے ساکن و جامد ماحول میں رہتے سہتے اور اپنی روزی کماتے چلے آئے تھے شہروں کی طرف چل پڑے جہاں ملوں اور صنعتی کارخانوں میں روزی کمانے کے بہتر مواقع میسر تھے۔ یہاں پہنچ کر انھیں ایک زیادہ باشعور اور ترقی یافتہ سماج میں رہنے کا موقع ملا، اور بیسویں صدی کا جدید صنعتی ماحول جن اثرات کا ضامن ہو سکتا تھا اُن کے ذہن یقیناً اُن اثرات سے بہرہ یاب ہوئے۔ (اِس سلسلے میں یہ سوچنا شاید غلط نہ ہو کہ دیہات سے

شہروں کی طرف ہجرت کرنے والے یہ ہزاروں لاکھوں افراد ہندوستان کے اُن بدقسمت شہری باشندوں کی اولاد تھے جو کم و بیش سو برس پیشتر شہروں سے دیہات کی طرف ہجرت کرنے پر مجبور ہوئے تھے، اِس لیے کہ انگریزوں نے ہندوستان کو مغربی مصنوعات کی منڈی بنا کر یہاں کی قدیم شہری دستکاریوں کو تباہ کر دیا تھا۔ پھر یہی وہ چیز بھی تھی جو برطانوی حکومت کے قیام و استحکام کے ساتھ یہاں کی زمینوں پر غیر معمولی اور غیر فطری بوجھ ڈالنے کا باعث بنی تھی، اور جس نے ملک کی دیہی معیشت کو کمزور کر کے دیہی آبادی کے افلاس میں بے انتہا اضافہ کیا تھا) اسی تاریخی تبدیلی کا ایک اور پہلو یہ تھا کہ جاگیردارانہ سماج کا خواب ناک ماحول آہستہ آہستہ رخصت ہونے لگا اور صنعتی زندگی کے ہیجان و اضطراب نے اُس کی جگہ لینی شروع کی۔ جب وسائلِ معاش کاشتکاری اور اُس سے متعلقہ مشاغل ہی پر مشتمل و منحصر ہوتے ہیں تو سخت محنت اور شدید مصروفیت کے ایام کے بعد فراغت یا بیکاری کے دن بھی لازمی طور پر آتے ہیں۔ زمینداری نظام کے پاس اِس تعطل کا علاج کوئی نہیں ہے، سوا اِس کے کہ خالی اوقات کو خوش وقتی اور خوش طبعی کی نذر کر دیا جائے۔ یوں اس نظام کے سائے میں مختلف النوع تفریحی مشاغل مثلاً چوسر، گنجفہ، شطرنج، مرغ بازی، بٹیر بازی، چٹکلے بازی، ہزل گوئی، داستان سرائی، راگ رنگ کی محفلیں اور میلے ٹھیلے وجود میں آتے اور پھلتے پھولتے ہیں۔ خصوصاً اُس وقت جب یہ نظام اپنی تاریخی عمر پوری کرنے کے بعد انحطاط و زوال کی منزلوں سے گزر رہا ہوتا ہے۔ ہندوستان میں یہ صورت حال مدتوں سے چلی آ رہی تھی اور کسی حد تک آج بھی باقی ہے۔ لیکن تاریخی ارتقاء کے زیرِ نظر دور میں پہلی مرتبہ اُس پر صنعتی سرمایہ داری کی ضرب پڑی، اور جاگیری سماج کے ماحول نے آہستہ آہستہ صنعتی زندگی کے ماحول کے لیے جگہ خالی کرنی شروع کی۔ حمل و نقل کے نئے وسائل کی بدولت فاصلے سمٹنے لگے، اور انسانوں کی بڑھتی ہوئی نقل و حرکت کے ساتھ افکار و خیالات کا لین دین بھی بڑھا۔ الغرض یہ دور ہماری مادی اور فکری زندگی میں اہم تاریخی تبدیلیوں کا دور تھا۔

اِسی تبدیل ہوتی ہوئی مادی و فکری زندگی کے پس منظر میں اردو افسانے نے اپنے ابتدائی ارتقا کی منزلیں طے کیں۔ چنانچہ اِس پس منظر کو ذہن میں رکھے بغیر اردو افسانے کی تدریجی ترقی کو سمجھنے اور سمجھانے کا حق پورے طور پر ادا نہیں کیا جا سکتا۔ یہ دراصل اردو افسانے کا تشکیلی دور تھا۔ اور پریم چند کا فن اِس پورے دور پر شروع سے آخر تک چھایا ہوا نظر آتا ہے۔ ۱۹۱۴ء سے ۱۹۳۵ء تک پریم چند کی افسانہ نگاری کے ساتھ اُن کے ہم عصروں کی افسانوی تخلیقات ہیئت اور

موضوع کے باب میں جن تبدیلیوں سے گزرتی رہیں وہ قدرتی طور پر متذکرۂ بالا مادی و فکری تغیرات کا پرتو تھیں۔

اِس دور کے بالکل آغاز میں یعنی ۱۹۱۴ء کے لگ بھگ اردو کا نوزائیدہ افسانہ قدیم داستانوں کے رنگ میں رنگا ہوا نظر آتا ہے۔ بناوٹ، فضا، نگارش، مزاج، اندازِ فکر غرض کہ ہر اعتبار سے وہ داستان اور داستانی فن کے عناصر میں ڈوبا ہوا ہے۔ ادب کی ایک جدید صنف ہونے کے باوجود اور مغربی ادبیات سے ماخوذ و مستعار ہونے کے باوصف وہ داستانی روایت کا آئینہ دار ہے۔ یہ داستانی روایت اردو کے نثری ادب میں کم سے کم ڈیڑھ سو سال پرانی تھی۔ جدید ناول نگاری کی تحریک نے، اور اُس کے بعد خود مختصر افسانے کے آغاز نے اِس کو بہت کمزور کر دیا تھا۔ لیکن نئے سانچوں میں ڈھل جانے پر بھی اُس کے قدیم اور اصلی خط و خال ابھی یکسر محو نہیں ہوئے تھے۔ حقائقِ زلیست سے رُوگردانی، واقعیت سے گریز، تخیل کی بے لگامی، بعید از قیاس امور، اور دور از کار واقعات کی آزادانہ پیش کش، مواد کے استعمال میں فن اور منطق دونوں کے مطالبات سے بے نیازی، کہانی کو طربیہ انجام دینے کی روش، نیکی اور بدی کی آویزش میں نیکی کو فتح یاب دکھانے کا التزام، اور قاری کے جذباتی مطالبات کو آسودہ کرنے کی پیہم کوشش — یہ اِس روایت کے اہم اجزا تھے۔ ظاہر ہے کہ اردو کے ابتدائی افسانوں میں یہ جوں کے توں نہیں پائے جاتے۔ مگر جہاں تہاں اور جگہ بہ جگہ اِن کی جھلکیاں ضرور ملتی ہیں۔ اور عمومی حیثیت سے اِن کا اثر و نفوذ ناقابلِ انکار ہے۔ پریم چند کے ابتدائی افسانے اِس کا بیّن ثبوت ہیں۔ "سوزِ وطن" کی پانچوں کہانیاں داستانی رنگ میں ڈوبی ہوئی ہیں۔ اُن کا رومانی ماحول، رنگین فضا، جذباتی اندازِ نظر، شاعرانہ زبان، خطیبانہ بیان، پرتصنع اور مبالغہ آمیز واقعات اور اِسی نوع کے دوسرے اوصاف قطعی طور پر داستانی رنگ کے اثرات ہیں۔ پریم چند اپنے ابتدائی افسانوں میں حال سے زیادہ ماضی پر نظر رکھتے ہیں، اور گرد و پیش کی زندگی سے زیادہ تاریخی یا نیم تاریخی ماحول سے مواد حاصل کرنے کی کوشش کرتے ہیں۔ مثلاً اِن افسانوں میں راجپوتی سورماؤں کا ذکر کثرت کے ساتھ ملتا ہے اور اُن کے عادات و خصائل کو داستانی روایت کے مطابق مثالی اور جذباتی رنگ میں پیش کیا جاتا ہے۔ پریم چند کے علاوہ اُن کے بعض ہمعصروں اور ہم رنگ لکھنے والوں کے یہاں بھی داستانی عناصر غلبہ کیے ہوئے نظر آتے ہیں۔ پھر اِس زمانے میں پریم چند اور اُن کے مقلدوں کی اصلاحی تحریک کے پہلو بہ پہلو یلدرم، نیاز فتحپوری، سلطان حیدر جوش

اور ان کے متبعین کی رومانی تحریک بھی جاری تھی ۔ اور ان رومان نگاروں کی تخلیقات پر بھی داستانی روایت کے اثرات واضح طور پر محسوس کیے جا سکتے ہیں۔ اُن رومانی کارناموں میں جو خروشِ جذبات، جو ہیجانِ تخیل، فکر و تصور کی جو بے اعتدالی، ان دیکھی دنیاؤں اور اَن جانی سر زمینوں کی جانب جو میلانِ طبع پایا جاتا ہے وہ بھی بلاشبہ قدیم داستانی رنگ کی جھلکیاں ہیں۔

لیکن بہت جلد یہ رنگ زائل ہونے لگتا ہے۔ اور اردو کا نیا افسانہ تیزی کے ساتھ داستانی روایت سے کٹ کر جدید افسانوی ٹکنیک کی راہوں پر اپنا ارتقائی سفر شروع کر دیتا ہے۔ جوں جوں زمانہ آگے بڑھتا ہے، سیاسی اور سماجی ماحول کے تقاضے شدید ہونے لگتے ہیں۔ بین الاقوامی سیاست کی نت نئی کروٹوں کے ساتھ ساتھ ہندوستان کی سیاسی، اقتصادی اور سماجی زندگی بھی تغیرات اور تہلکات کی زد میں آتی ہے ۔ پُرانی سماج کا انحطاطی عمل تیز سے تیز تر ہو جاتا ہے ۔ مادّی ماحول کی تبدیلی کے ساتھ ذہنی و نفسیاتی فضا بھی بدلتی ہے ۔ بوسیدہ روایتی تصوّرات اور کہنہ و فرسودہ اقدار کی گرفت کمزور ہونے لگتی ہے ۔ قدامت پرستی اور تاریک خیالی کے بادل چھٹنے لگتے ہیں اور صنعتی دور کے سائنسی افکار اور عقلیت پسندانہ رجحانات بتدریج زور پکڑتے ہیں۔ اب اردو افسانہ تخیل و تصور کی اثیری فضاؤں میں پرواز کرنے کی بجائے حقیقت اور واقعیت کی ٹھوس زمین پر اپنے قدم جماتا ہے ۔ اُس کی ماورائیت، ارضیت میں اور داخلیت خارجیت میں تبدیل ہونے لگتی ہے۔ مادّی ماحول کے مادی مسائل اُس میں جگہ پانے لگتے ہیں۔ پریم چند اور اصلاحی تحریک کے دوسرے لکھنے والوں کی حقیقت نگاری اب پہلے سے زیادہ واضح اور ٹھوس شکل اختیار کر لیتی ہے۔ یلدرم اور دوسرے رومان نگار بھی زندگی اور زندگی کی واقعیت سے زیادہ قریب ہونے کی کوشش کرتے ہیں۔ مجموعی حیثیت سے افسانوں میں جذباتیت، رومانیت، لذت پرستانہ خیال پرستی اور مثالیت کم ہو جاتی ہے اور سماجی شعور بڑھ جاتا ہے ۔

کچھ اور آگے چل کر لکھنے والوں کا ایک نیا گروہ سامنے آتا ہے۔ یہ لوگ اصلاحی اور رومانی دونوں تحریکوں کے زیرِ اثر افسانے لکھتے ہیں اور دونوں رجحانوں کو سمو کر ایک نئی روش کی داغ بیل ڈالتے ہیں۔ اِن کے افسانوں کو نیم رومانی رنگ کے واقعاتی افسانے کہا جا سکتا ہے ۔ اِن کی تخلیقات میں وہ اصلاحی جوش نہیں ہے جو اصلاحی تحریک کی خصوصیت تھی، لیکن ایک سماجی احساس ضرور ہے جو انہوں نے اصلاحی تحریک سے ورثے کے طور پر پایا ۔ اِس کے ساتھ ساتھ رومانی تحریک کے علمبرداروں کی جذباتیت اور شاعرانہ خیال آرائی بھی اِن کی تحریروں میں نہیں ہے، گو رومانی تحریک کا ورثہ

رومانی انداز نظر کی شکل میں بلاشبہ موجود ہے۔ بہر نوع یہ کارنامے جدید اردو افسانے کے ارتقائی سفر میں ایک نئی اور اہم منزل کی نشاندہی کرتے ہیں۔ ہم دیکھتے ہیں کہ اس منزل تک پہنچ کر اردو افسانہ قدیم داستانی اثرات سے بالکل آزاد ہو چکا ہے، اور اردو کے اولین افسانہ نگاروں کی جذباتیت، مثالیت اور تخیلی پرواز کو بھی بہت پیچھے چھوڑ چکا ہے۔ زندگی کے حقائق اور مسائل پر اُس کی گرفت زیادہ مضبوط ہے، سماجی حالات و کوائف کی ٹھوس زمین پر اُس کے قدم زیادہ مضبوطی کے ساتھ جمے ہوئے ہیں۔ وہ مادّی ماحول کا زیادہ باشعور ترجمان ہے۔ ہیئت اور تشکیل کے لحاظ سے بھی وہ بہت آگے بڑھ چکا ہے۔ فن اور مقصد کا بہتر امتزاج اُس میں پایا جاتا ہے۔ مغربی شاہکاروں کی صناعی اور فنی بالیدگی کا پرتو اُس پر پڑتا ہوا صاف نظر آتا ہے۔ اور مغرب کے بلند معیاروں کو چھو لینے کی خواہش بالکل ظاہر ہے۔

انھیں خطوط پر اردو افسانے کا ارتقائی سفر جاری رہتا ہے۔ فن اور اسلوب کے مراحل طے ہوتے رہتے ہیں۔ مطالعے اور مشاہدے کی راہیں صاف ہوتی جاتی ہیں۔ سماج، سیاست اور معیشت کی حقیقتوں کو جمالی صداقتوں میں ڈھالنے کا رجحان بڑھتا جاتا ہے۔ یہاں تک کہ ۱۹۳۵ء تک "کفن" جیسے افسانے کی تخلیق ممکن ہو جاتی ہے۔ اس مقام پر اردو افسانے کا تشکیلی دور ختم ہو جاتا ہے، اور اردو افسانہ نگاری کی وہ تحریک جو تقریباً بیس سال قبل شروع ہوئی تھی ابتدائی نشو و نما کے مراحل طے کر چکنے کے بعد فنی عروج و تکمیل کے دور میں داخل ہوتی ہوئی نظر آتی ہے۔

زیادہ غائر نظر سے دیکھا جائے تو ۱۹۱۴ء سے ۱۹۳۵ء تک کے دور میں افسانہ نگاری کے متعدد متوازی دھاروں کا پتا چلتا ہے۔ یہ گویا اردو افسانے کے بہتے ہوئے دریا کی مختلف شاخیں ہیں۔ اِن میں پہلا دھارا تو اُن مترجمین کی کارگزاری سے عبارت ہے جنھوں نے اس دور میں مغرب کے افسانوی شاہکاروں کو اردو میں منتقل کرکے اردو افسانے کی تشکیل کے باب میں نمایاں خدمت انجام دی۔ دوسرا دھارا عبارت ہے اس دور کے جمالیاتی نثر نگاروں کی تخلیقات سے جن میں بعض چیزیں ایسی ہیں کہ اُن کو آسانی کے ساتھ افسانے کے ذیل میں شمار کیا جا سکتا ہے۔ اسی طرح اس دور کے مزاح نگاروں کے بعض مزاحیہ مضامین بھی ہمیں افسانے کی شکل میں ملتے ہیں، اور اِن کو افسانہ نگاری کا تیسرا دھارا خیال کیا جا سکتا ہے۔ چوتھا دھارا جو شاید سب سے اہم ہے۔ پریم چند اور اُن کے متبعین یا ہم رنگ لکھنے والوں کے اصلاحی افسانے ہیں۔ اور جس کے بعد لکھنے والوں کا ایک آخری گروہ رہ جاتا ہے جس کے کارنامے اصلاحی اور رومانی تحریکوں

کا امتزاج پیش کرتے ہیں۔ اِن لکھنے والوں کو کسی بہتر نام کی عدم موجودگی میں نیم رومانی افسانہ نگار کہا جا سکتا ہے اور اِن کی تخلیقات کو ہم اِس دور کے افسانوی ادب کا پانچواں اور آخری دھارا قرار دے سکتے ہیں۔

۱۹۱۴ء سے ۱۹۳۵ء تک کے افسانہ نگاروں کا تفصیلی مطالعہ اِسی تقسیم کے تحت زیادہ مناسب ہوگا۔

چھٹا باب

تشکیلی دور کے لکھنے والے

(۱۹۱۴ء سے ۱۹۳۵ء تک)

(۱)

مترجمین

اردو کا مختصر افسانہ اپنے تشکیلی دور (۱۹۱۴ء سے ۱۹۳۵ء) میں تشکیل و ارتقار کی جن راہوں سے گزرا اُن کی نشان دہی پچھلے صفحات میں کی گئی۔ مختصر افسانے کے اِس سفر میں جو چیز سب سے زیادہ معاون و مفید ثابت ہوئی وہ غیر زبانوں کے افسانوی ادب کے ترجمے تھے جن کا ایک طویل سلسلہ ہمیں اِس دور کے آغاز سے انجام تک ملتا ہے۔ ہندوستان اور ہندوستان سے باہر کی جن زبانوں کے طویل اور مختصر افسانے اردو میں منتقل کیے گئے اُن میں بنگالی، انگریزی، فرانسیسی، روسی اور ترکی زبانوں کا خاص طور پر ذکر کیا جا سکتا ہے اور جو مصنف ہمارے مترجمین کی توجہ کا مرکز بنے اُن میں ٹیگور، شرت چندر چٹرجی، سیتا چٹرجی، ٹالسٹائے، چیخوف، مولیاں کے نام ممتاز اور نمایاں ہیں۔ ہمارے اولین مترجموں میں تیرتھ رام فیروز پوری، ظفر علی خاں، عبدالمجید سالک؛ اور یلدرم تھے۔

اِن کے بعد قاضی عبدالغفار، پطرس، مجنوں گورکھپوری، حامد علی خاں، منصور احمد، امتیاز علی تاج، پروفیسر مجیب، خواجہ منظور حسین اور جلیل قدوائی مترجم کی حیثیت سے منظر عام پر آئے۔ اور کچھ اور آگے چل کر شاہد احمد، ظفر قریشی، سعادت حسن منٹو، عطاء اللہ کلیم، طاہر قریشی، فضل حق قریشی، عنایت اللہ دہلوی، عبدالرزاق ملیح آبادی، ل۔ احمد، امام الدین رام نگری، آسی رام نگری، محشر عابدی، ظفر واسطی شاہ آبادی، دیوانہ مصطفےٰ آبادی، شہاب مالیر کوٹلوی اور تمنائی نے اِس میدان میں اپنے کارنامے پیش کیے۔ اِن سب مترجمین کی کوششوں سے نہ صرف مغربی زبانوں بلکہ اردو کے علاوہ بعض ہندوستانی زبانوں کے بھی افسانوی شاہکار

اردو میں منتقل ہوئے۔ اور یوں اگر ایک طرف اردو ادب کا دامن وسیع و مالامال ہوا تو دوسری طرف، اردو کے افسانہ نگار افسانوی فن اور تکنیک کی اُن لطافتوں، نزاکتوں اور بلندیوں سے روشناس ہوئے جو بیرونی زبانوں خصوصًا بنگالی، انگریزی، فرانسیسی اور روسی زبانوں کے افسانوی ادب کا طرۂ امتیاز تھیں۔ چیخوف، موپساں، ٹیگور اور دوسرے بلند پایہ فن کاروں کی فنی مہارت اور چابک دستی سے واقفیت بڑھی۔ مختصر افسانے کے تکنیکی لوازم وخصائص کا تصور ذہنوں میں زیادہ واضح ہوا۔ زندگی کے حالات و واقعات اور کیفیات کو افسانے کے سانچے میں ڈھالنے یعنی خام مواد کو فن پارے کا خوب صورت روپ دینے کا سلیقہ پیدا ہوا۔ غرض یہ کہ ان تراجم نے اردو افسانے کے ارتقاء میں زبردست حصہ لیا، اور وہ مختصر افسانہ جو قدیم داستانوں اور قدیم طرز کے ناولوں سے برآمد ہوا تھا، جس پر تخیل، تصور اور رومان کی بہت گہری چھاپ تھی اور جو ہیئت کے شعور سے کم و بیش بیگانہ تھا بہت جلد حسن کاری کے مطالبات کے ساتھ ترجمانیِ حیات کے تقاضوں کو پورا کرنے لگا اور ایک نہایت قلیل مدت میں ترقی کے مراحل طے کر کے اگر تکمیل کی منزل میں نہیں تو اُس مقام پر ضرور پہونچ گیا جہاں سے تکمیل کی منزل زیادہ دور نہیں رہ جاتی۔

(۲)

رومانی اور جمالیاتی افسانہ نگار

اردو افسانے کا زیرِ بحث دور رومانی انشا پردازی یا جمالیاتی انشائیہ نگاری کے آغاز، ارتقا، اور عروج کا دور بھی ہے۔ اردو میں رومانی نثر نگاری کو اردو نثر کی رومانی تحریک کہا گیا ہے، جو گویا اُس تحریک کے مشابہ تھی جس نے انیسویں صدی کے آغاز میں انگریزی شعر و ادب کی کلاسکیت کے خلاف بغاوت کا علم لہرایا تھا۔ لیکن ایسا سمجھنا غالبًا صحیح نہیں، کیونکہ انگلستان میں کلاسکیت اٹھارویں صدی کے آخر تک زوال و انحطاط سے ہم کنار ہو کر اپنے منطقی انجام کو پہنچ چکی تھی اور رومانیت کی منظم تحریک وہاں ایک لازمی ارتقائی قدم کی حیثیت رکھتی تھی۔ اس کے برعکس ہمارے یہاں کلاسکیت کا توڑ پہلے تو کسی حد تک

سرسید اور اُن کے رفقاء کی اصلاحی تحریک نے کیا۔ گویہ اصلاحی تحریک بذاتِ خود کلاسکیت ہی کے سلسلے کی ایک کڑی تھی۔ پھر اِس کے خلاف بغاوت کی دوسری لہر بیسویں صدی کی رومانی نثر کی شکل میں رونما ہوئی۔ اور پھر یہ سب کچھ کسی منظم اور باقاعدہ انداز میں نہیں ہوا، اور کم از کم جہاں تک رومانی نثر نگاروں کے کام کا تعلق ہے، وہ کلاسکیت کے خلاف کوئی شعوری بغاوت یا محاذ آرائی نہیں تھی۔ اصل یہ ہے کہ اردو میں رومانی نثر نگاری کا سلسلہ کوئی شعوری اور منظم تحریک ہونے کی بجائے محض ایک وقتی رجحانِ فکر تھا جو فنی طور پر ایک مخصوص اسلوب نثر کی شکل میں ظاہر ہوا۔ اِس رجحان اور اِس اسلوب کی پشت پر وہی موثرات کام کر رہے تھے جن کی بدولت بیسویں صدی کے آغاز میں ہندوستانی ذہن ایک نئے اضطراب و ہیجان سے دوچار ہوا اور جن کا تجزیہ بالائی اوراق میں پیش کیا جاچکا ہے۔

کلاسکیت اور رومانیت کی اصطلاحیں ہمارے یہاں بہت ڈھیلے ڈھالے انداز میں استعمال کی جاتی رہی ہیں۔ یہ کہا گیا ہے کہ کلاسکیت روایت ہے اور رومانیت بغاوت۔ کلاسکیت صحت ہے اور رومانیت مرض! کلاسکیت قدامت ہے اور رومانیت تجدّد! یا یہ کہ کلاسکیت ہیئت پر زور دیتی ہے اور رومانیت مواد پر۔ اِس قسم کے بیانات غلط نہیں ہیں، لیکن اِن سے مسئلے کی وضاحت نہیں ہوتی اور زیر بحث اصطلاحوں کا پورا مفہوم سامنے نہیں آتا۔ چنانچہ ضروری ہے کہ کلاسکیت اور رومانیت کی تعریف اور تشریح جامع و واضح انداز میں کی جائے۔

کلاسکیت اور رومانیت کو دو طرح سمجھا اور پیش کیا جاسکتا ہے۔ اولاً ایک مخصوص اندازِ فکر کی حیثیت سے اور ثانیاً ایک مخصوص اسلوب یا انداز بیان کی حیثیت سے۔ اندازِ فکر کی حیثیت سے دیکھا جائے تو کلاسکیت میں عام مسلمات، مروجہ معتقدات اور روایتی نظریات کا پورا احترام کیا جاتا ہے۔ اِس کے برعکس رومانیت قدامت و روایت کے خلاف ایک احتجاج اور بغاوت کی شکل اختیار کرتی ہے۔ کلاسکیت خارجی عقلی عقیدوں اور مسلّمہ مروجہ نظریوں سے سروکار رکھتی ہے۔ رومانیت ذاتی تخیلی تجربات اور وجدانی کیفیات کی آئینہ دار ہوتی ہے اور خیال پرستی سے کسی حال میں الگ نہیں ہوسکتی۔ اندازِ بیان کی حیثیت سے دیکھیں تو کلاسکیت میں زبان کی صحت، قواعد زبان کی پابندی

اور روایتی محاورے کی پیروی لازم خیال کی جاتی ہے۔ رومانیت میں زبان کی رعنائی، شعریت، نغمگی اور لوچ کو اولیت کا درجہ دیا جاتا ہے۔ کلاسکیت میں ٹکنیک، فارم اور ہیئت کے رسمی اور روایتی اصولوں سے انحراف نہیں کیا جا سکتا۔ رومانیت میں ہیئت کی بجائے مواد کو مقصود اصلی خیال کیا جاتا ہے۔ اور روایتی اسلوب اور مروجہ ہیئتوں کی طرف سے منھ موڑ کر جدت طرازی اور تجربہ پسندی کو مطمح نظر بنایا جاتا ہے۔ کلاسکیت اور رومانیت کے اِس فرق کی بنا پر اندازِ فکر کے لحاظ سے اگر کلاسیکی ادب میں وزن و وقار، متانت و بردباری، توازن و تناسب اور تنظیم و ہم آہنگی کے عناصر پائے جاتے ہیں، تو رومانی ادب اضطراب و ہیجان، نیرنگی و لطافت، رنگینیِ خیال اور ندرتِ احساس کا مظہر ہوتا ہے۔ اسلوب بیان کے اعتبار سے جہاں کلاسیکی ادب میں پختگی، باقاعدگی، نظم و ضبط اور صحت و صلابت پائی جاتی ہے، وہاں رومانی ادب میں تمام تر زور خوش نمائی، خوش آہنگی اور صناعانہ حسن کاری ہی پر ہوتا ہے۔

باوجود اِس امر کے کہ اردو میں رومانیت کسی باقاعدہ تحریک کی شکل میں آنے کی بجائے محض ایک وقتی رجحان کے طور پر آئی، اردو کی رومانی نثر میں وہ داخلی و خارجی اوصاف بڑی حد تک پائے جاتے ہیں جو دبستانِ رومانیت کے امتیازی خصائص ہیں۔ حسن کی پرستش و پرورش، رعنائیِ فکر، تازگیِ خیال، نزدوشیِ جذبات، پروازِ تخیل، ندرتِ تخئیل، آرائشِ زبان، حسنِ بیان، الفاظ کی میناکاری، ترکیبوں کی صناعی، طرز کی مشاطگی ــــ رومانی ادب کی یہ سب قدریں اردو کی رومانی تحریروں میں کم یا زیادہ مگر بالالتزام پائی جاتی ہیں۔ اِن رومانی تحریروں کو ادبِ لطیف، انشائے لطیف، اور شعرِ منثور وغیرہ ناموں سے پکارا گیا ہے۔ شعرِ منثور اِس لئے کہا گیا کہ اِس مخصوص طرزِ نگارش کے علم بردار مزاجاً اور طبعاً گویا شاعر تھے، لیکن موزونیِ طبع کی صلاحیت سے محروم ہونے کے باعث اپنے شاعرانہ افکار اور تخئیلی تجربات کے اظہار کے لیے نثر کا پیرایہ اختیار کرنے پر مجبور ہو گئے تھے۔ بعض اوقات اِس نثر کو ٹیگوری نثر بھی کہا گیا، اور وہ اِس لئے کہ ہمارے بعض رومانی نثر نگاروں کے فیضان کا سرچشمہ ٹیگور کی بنگالی نظموں بالخصوص گیتان جلی کے نثری ترجمے تھے۔ ایک خاص قسم کا تخئیلی اور جذباتی نقطۂ نظر اِن دونوں میں مشترک تھا۔ یا یوں کہیے کہ ٹیگور کی شاعرانہ تخئیل کا اردو کی رومانی نثر میں خاکہ اڑایا جاتا تھا۔ ظاہر ہے کہ یہ بات اردو کی پوری رومانی نثر کے بارے میں نہیں کہی جا سکتی، گو یہ واقعہ ہے کہ آگے چل کر جب نثر نگاری کا یہ مخصوص انداز اساتذۂ فن کے

ہاتھوں سے نکل کر دوسرے اور تیسرے درجے کے لکھنے والوں کے ہاتھوں میں پہنچا تو یہی وہ چیز تھی جو اِس نثر نگاری کو لے ڈوبی، یہاں تک کہ ادب لطیف یا رنگین نثر اردو ادب کی ایک بدنام اور رسوائے عالم صنف قرار پائی۔ بہر حال ابتدا میں جن فن کاروں نے یہ روشِ خاص اختیار کی اور اس کو پروان چڑھایا اور اُس کے ذریعے اردو میں جان دار اور قابل قدر نثری تخلیقات کا اضافہ کیا اُن میں میر ناصر علی، مہدی افادی، یلدرم، سلطان حیدر جوش، نیاز فتحپوری، عبدالرحمٰن بجنوری، سجاد انصاری، ل، احمد، خلیقی دہلوی، رفیقی اجمیری، اختر شیرانی، میر افضل علی، اور قاضی عبدالغفار کے نام خاص طور قابل ذکر ہیں۔ یہ اہل قلم اصلاً افسانہ نگار نہیں تھے۔ شاید یہ کہنا غلط نہ ہو کہ وہ فطرۃً شاعر تھے، اور عملاً رومانی انشا پرداز۔ مگر اُن میں سے بعض لکھنے والوں کی سب نہیں تو کچھ تحریریں ضرور ایسی ہیں جو افسانے کے روپ میں ہمارے سامنے آتی ہیں، یا یہ کہ اُن کو آسانی کے ساتھ افسانے کے ذیل میں شمار کیا جا سکتا ہے۔ یہ تحریریں کہیں تو افسانہ نگاری کی شعوری کوشش کا نتیجہ ہیں اور کہیں خود بخود افسانے کے روپ میں ڈھل گئی ہیں۔ بہر حال یہی اردو کے رومانی افسانے یا انشائیہ افسانے ہیں، اور اس سلسلے میں یلدرم، نیاز فتحپوری، ل۔ احمد، قاضی عبدالغفار، سلطان حیدر جوش، خلیقی دہلوی، اختر شیرانی اور رفیقی اجمیری کی خدمات کو ہمیشہ یاد رکھا جائے گا۔

سجاد حیدر یلدرم اردو میں رومانی افسانہ نگاری کے بانی اور موجد ہیں۔ انھوں نے اپنی اچھوتی قلم کاری سے ایک پوری نسل کو متاثر کیا۔ نیاز فتحپوری اور سلطان حیدر جوش نے اُنھیں کی پیروی میں اِس رنگ کے افسانے لکھے۔ وہ ترکی ادب کے پرستار تھے، اور ترکی ادب کے توسط سے فرانسیسی ادب و افکار کے بعض رجحانات سے روشناس ہوئے تھے۔ چنانچہ فرانسیسی اور ترکی اثرات نے اُن کے ذاتی طبعی رجحانات کے ساتھ مل کر ایک مخصوص و منفرد رنگ کو جنم دیا جو نہ صرف ان کے ترکی افسانوں کے تراجم میں بلکہ طبع زاد افسانوں میں بھی بدیہی طور پر پایا جاتا ہے۔ یہ رنگ حسن و جمال کی مصوری، کیفیات عشق کی ترجمانی، لطیف و نازک احساسات کی عکاسی، تشبیہات و استعارات کی شعریت اور الفاظ و تراکیب کی ندرت سے مل کر بنا ہے۔ یلدرم کا نقطۂ نظر یکسر جمالیاتی و جذباتی ہے۔ اُن کے رومانی افسانے حقائقِ زیست کی داستانیں نہیں ہیں۔ صرف جمالیاتی واردات کی روداد ہیں۔ ہاں وہ ایسی روداد یں ضرور ہیں جو اپنی رنگینی و رعنائی کے لحاظ سے نگار خانۂ

ادب کے غیر فانی نقوش ہیں۔ یلدرم قلم ہی ایسے موضوعات پر اٹھاتے ہیں جن کا تعلق ذوق و وجدان کی دنیا سے ہو۔ گویا وہ زندگی سے ذوقیات کو لے لیتے ہیں اور باقی سب کچھ چھوڑ دیتے ہیں۔ مقصدیت یا افادیت کا اُن کے یہاں گزر نہیں۔ وہ صرف خیال و خواب کے شیدائی ہیں۔ خیالی جنتیں آباد کرتے ہیں اور خوابوں کے شیش محل بناتے ہیں۔ یلدرم کے بارے میں کسی کا یہ بلیغ جملہ یاد رکھنے کے قابل ہے: "ایک شاعر جس نے نثر میں تر کی تمام کی"۔ "حضرت دل کی سوانح عمری"، "چڑیا چڑے کی کہانی"، "حکایۂ لیلیٰ و مجنون" اور "خارستان و گلستان" یلدرم کی رومانی افسانہ نگاری کی بہترین مثالیں ہیں۔

نیاز فتحپوری کی رومان نگاری یلدرم کی پیروی کا نتیجہ ہے، گو اُن کے اسلوبِ نثر پر ابوالکلام آزاد کے طرزِ تحریر کا اثر زیادہ واضح ہے۔ اِس بات کو شاید بہتر طور پر یوں کہا جا سکتا ہے کہ جہاں تک رومانی طرزِ فکر کا تعلق ہے وہ یلدرم کے مقلد ہیں۔ لیکن اسلوب تحریر کے باب میں وہ اپنا ایک مخصوص انداز رکھتے ہیں جو مختلف عناصر سے مل کر بنا ہے اور جس کی تدوین و تعمیر میں انھوں نے ابو الکلام کے اسلوب سے خاص طور پر فائدہ اٹھایا ہے۔ بہر حال اُن کے رومانی افسانے رومانی ادب کے بیشتر اوصاف سے متصف ہیں۔ یلدرم کی تحریر میں جو غنائیت، لطافت اور نکھار ہے وہ نیاز کے یہاں نہیں ہے۔ لیکن اِس کے ساتھ ساتھ یلدرم کی سی ماورائیت بھی نہیں ہے، اور ارضیت و واقعیت کا احساس زیادہ واضح طور پر پایا جاتا ہے۔ اُن کے یہاں جو شعریت یا شاعرانہ اندازِ فکر ہے وہ بھی کسی قدر زیادہ مانوس قسم کی چیز ہے۔ مثلاً "شاعر کا انجام" اور "شہاب کی سرگزشت" میں انھوں نے جن دو رومانی کرداروں کی ذہنی مصوری کی ہے وہ دونوں عشق زدہ، خیال پرست اور عینیت پسند نوجوان سہی، مگر پھر بھی یلدرم کی افسانوی مخلوق سے زیادہ ہمیں اپنی دنیا کے باشندے اور اپنے ماحول کے افراد معلوم ہوتے ہیں، اور اُن کے سوچنے اور محسوس کرنے کا انداز ہمارے لئے کوئی خاص اجنبیت اپنے اندر نہیں رکھتا۔ نیاز نے اِس سلسلے میں یونانی اساطیہ کو بھی اپنے مطالعہ و فکر کا میدان بنایا۔ یہ ایک قدرتی اقدام تھا، کیونکہ یونان کی اصنامی روایات میں رومانی انشا پردازی کے لیے جتنا مواد مل سکتا ہے شاید کسی دوسری جگہ نہیں مل سکتا۔ چنانچہ اِس چیز نے اُن کی رومانی تحریروں میں ایک نیا آب و رنگ اور ایک خاص بالیدگی پیدا کی جس کا وافر ثبوت ان انشائیوں اور افسانوں سے ملتا ہے جو انھوں نے یا تو یونان کے صنمیاتی ادب سے ترجمہ کرکے اردو میں پیش کئے، یا یونانی اساطیر کی بنا پر آزادانہ طور پر خود لکھے۔ "کیوپڈ اور سائیکی"، "قلوپطرہ کی

مایک رات"، "زائرِ محبت" اور "حمرا کا گلاب" اُن میں سے صرف چند کے نام ہیں۔ رومانیت کے ساتھ عقلیت پسندی بھی نیازؔ کی طبیعت کا ایک اہم رجحان رہا ہے جس کی بنا پر انھوں نے مذہبی تعصبات اور روایتی مفروضات کے خلاف احتجاج و بغاوت کا علم لہرایا اور ذہنی آزادی کے لیے ایک بے مثال قلمی جہاد کیا۔ یہ تقریبًا وہی کام تھا جو اٹھارویں صدی کے فرانس میں والٹیر نے کیا تھا۔ اس طرح نیازؔ نے موجودہ دور کے کثیر التعداد لکھنے والوں کو متاثر کیا اور ترقی پروَرانہ رجحانات کی پیدائش اور پرورش میں بڑی قابلِ قدر خدمت انجام دی۔ مگر نیازؔ کی فکر و تحریر کا یہ رجحان کسی قدر بعد کے زمانے کی چیز ہے۔ تاہم اُن کی رومان نگاری میں بھی کہیں کہیں اِس کی جھلکیاں نظر آجاتی ہیں، اور یہ چیز اُن کی رومانی تحریروں میں ایک منفرد اور نہایت جاں دار عنصر کا اضافہ کرتی ہوئی معلوم ہوتی ہے۔ مجموعی حیثیت سے نیازؔ کے رومانی افسانے اردو افسانہ نگاری کے اِس خاص دور کے بے حد اہم کارنامے ہیں۔

ل۔ احمد اپنے رومانی افسانوں میں نیازؔ سے بہت قریب نظر آتے ہیں۔ گویا جس طرح نیازؔ نے یلدرم کی تقلید کی، اُسی طرح ل۔ احمد نے نیازؔ کے رنگ کی پیروی میں لکھا۔ لیکن جس طرح نیازؔ نے یلدرم کے اسلوب میں نئے عناصر شامل کرکے ایک ذاتی اور منفرد رنگ پیدا کیا، ل۔ احمد شاید اِس طرح نیازؔ کے رنگ پر کوئی اضافہ نہ کرسکے۔ سوا اِس کے کہ اُن کے یہاں افسانے کی ہیئت کا احساس جتنا واضح طور پر ملتا ہے اتنا نہ یلدرم کے یہاں ہے نہ نیازؔ کے یہاں۔ ل۔ احمد کی رومانی تحریریں عام طور پر انشائیے کی بجائے افسانے کی شکل اختیار کرتی ہیں۔ چنانچہ خاص افسانہ نگاری کے نقطۂ نظر سے اُن کا کام زیادہ وقیع ٹھہرتا ہے۔ اندازِ فکر اور اندازِ تحریر میں اُن کے یہاں نیازؔ کے بیشتر عناصر ملتے ہیں۔ مثلاً اپنی تصنیف "انشائے لطیف" میں وہ ایک رومانی و مثالی کردار جمالی کو پیش کرتے ہیں جو "شہاب کی سرگزشت" والے شہاب کے عین مماثل ہے۔ اُسی کی مانند ذہین، لائق، خوش رو، خوش مذاق، اور خوش فکر، اور اُسی کی طرح رومان پسند، مثالیت پرست اور دل دادۂ حسن و عشق۔ "انشائے لطیف" کے تمام افسانے اِسی ایک مرکزی کردار کے گرد گھومتے ہیں، اور اُسی کی جمال پرستی اور جمالیاتی فلسفہ آرائی کی روداد ہیں۔ اُن کے دوسرے رومانی افسانے بھی اِسی رنگ و نوعیت کے ہیں۔ ٹامس مور کی انگریزی، مثنوی "لالہ رخ" کا ترجمہ اِسی قبیل کی چیز ہے۔ مجموعی حیثیت سے ل۔ احمد کو رومانی نثر کے لکھنے والوں اور رومانی افسانے کے معماروں میں ایک قابلِ لحاظ مرتبہ حاصل ہے۔

قاضی عبدالغفار کی رومان نگاری اس حلقے کے تمام دوسرے لکھنے والوں کی رومان نگاری سے بیّن طور پر مختلف و ممتاز ہے۔ زمانی تاخر کی بنا پر اُن کی تحریروں میں اگر ایک طرف رومانی انشا پردازی کے بیشتر محاسن اور صالح قسم کے اوصاف ورثے کے طور پر آگئے، تو دوسری طرف اِس اسلوب کی بے اعتدالیاں اور خامیاں خارج بھی ہوگئیں۔ چنانچہ اُن کی تحریریں تخئیلی اور جذباتی کم ہیں اور عقلی و استدلالی زیادہ ہیں۔ یہاں ہم ماورائیت سے زیادہ ارضیت، اور داخلیت سے زیادہ خارجیت سے دوچار ہوتے ہیں۔ حقیقت یہ ہے کہ زندگی اور زمانے کا جو شعور اور جو اجتماعی احساس قاضی عبدالغفار کی تحریروں میں ہے وہ اِس دبستان کے کسی بھی دوسرے ادیب کے یہاں نہیں ملتا۔ اُن کی رومانیت کھوکھلی، نزاجی، مجہول یا بیمار رومانیت نہیں ہے، بلکہ ایک صحت ور، متحرک، زندہ و توانا اور تعمیری و انقلابی رومانیت ہے۔ وہ دراصل رومانیت اور حقیقت پسندی کا ایک حسین و خوشگوار امتزاج ہے۔ اُس کا مقصدِ اعلیٰ نہ لفظی نقاشی ہے نہ ادبی رنگ آمیزی، نہ جذباتی لذت آفرینی نہ وجدانی کیف پروری۔ وہ زندگی اور سماج کے ایک سائنٹفک تصور کی روشنی میں زندگی اور سماج کی تہذیب و تطہیر کو اپنا مطمحِ نظر بناتی ہے۔ حقائق کی ٹھوس زمین پر اُس کے قدم مضبوطی کے ساتھ جمے رہتے ہیں اور فکر و شعور کا دامن اُس کے ہاتھ سے کبھی نہیں چھوٹتا۔ بعض انگریزی اور عربی تخلیقات کے ترجموں کے علاوہ "لیلےٰ کے خطوط" اُن کا زندہ جاوید کارنامہ ہے، جس کو اردو کی جمالیاتی نثر اور رومانی افسانہ نگاری کا نہ صرف آخری بلکہ سب سے اہم شاہکار خیال کرنا چاہیے۔

سلطان حیدر جوشؔ کی رومانیت یلدرم کی رومانیت کا چربہ ہے اور بذاتِ خود کسی خاص اہمیت کی مالک نہیں۔ اُن کا ذاتی اور اصلی رجحانِ طبع سماجی اصلاح پسندی ہے جو رومانیت اور طنزیت کے ساتھ مل کر اُن کے مخصوص رنگ کو متعین کرتی ہے۔ چنانچہ اُن کا ذکر معاشرتی و اصلاحی افسانہ نگاروں کے ساتھ زیادہ مناسب ہوگا۔

خلیقی دہلوی، رفیعی اجمیری اور اختر شیرانی کے رومانی افسانے کم و بیش انھیں خصوصیات کے حامل ہیں جن کا سرچشمہ مذکورۂ بالا معمارانِ فن کی ذات اور تخلیقی کارنامے ہیں۔ مگر اُن کی تحریروں کا نہ تو دامن ہی کچھ زیادہ وسیع ہے اور نہ اُن کا کوئی ایسا مخصوص انفرادی کردار ہے جو کسی تفصیلی بیان کا محتاج ہو۔

(۳)

مزاحیہ افسانہ نگار

اردو نثر میں ظرافت کے اولین آثار وہ پھلجھڑیاں اور چنگاریاں ہیں جو غالب کے رقعات و خطوط میں اِس عظیم انسان اور قد آور شاعر کی تہہ دار شخصیت اور برق وش ذہانت کے کبھی نہ مٹنے والے نقوش کی حیثیت سے محفوظ ہیں۔ مزاح نگاری کی یہ تحریک غالب کی نثر میں جنم لینے کے بعد سب سے پہلے اودھ پنچ کے لکھنے والوں یعنی سرشار، سجاد حسین، نواب آزاد اور کچھو بیگ ستم ظریف وغیرہم کی تحریروں میں پھلی پھولی۔ اس کے بعد میر محفوظ علی، ظفر علی خاں، عبدالمجید سالک، ریاض خیر آبادی اور چند نسبتہً غیر اہم لکھنے والوں کے درمیانی یا عبوری دور سے گزر کر اپنے دورِ شباب میں داخل ہوئی، جو پطرس، رشید احمد صدیقی، فلک پیما، مرزا فرحت اللہ بیگ، ملا رموزی، شوکت تھانوی، عظیم بیگ چغتائی، سید آوارہ، امتیاز علی تاج اور چراغ حسن حسرت جیسے لکھنے والوں کا زمانہ ہے۔ ان میں سے بیشتر قدرِ اوّل کے لکھنے والے اور عظیم بیگ چغتائی کے علاوہ سب خالص مزاح نگار یا طنز نگار تھے۔ یعنی اُن کی ظرافت نگاری غالب یا سرشار یا ظفر علی خاں کی ظرافت کی طرح کوئی ضمنی یا ثانوی چیز نہیں تھی۔ وہ اصلاً اور اساساً ظرافت نگار تھے۔ غالباً یہی وجہ تھی کہ اردو کا اچھا، جان دار، اور زندہ رہنے والا مزاحیہ ادب اِسی دور میں پیدا ہوا اور اِس سے پہلے پیدا نہیں ہو سکا۔ بلاشبہ اِس دور کی ظریفانہ تخلیقات کیفیت اور کمیت دونوں کے لحاظ سے پچھلی تمام ظریفانہ تحریروں پر فائق اور مرجح قرار پاتی ہیں۔

اردو افسانے کا یہ دور اور اِن ظرافت نگاروں کے عروج و ارتقاء کا زمانہ مختصر افسانے کے زیرِ مطالعہ دور (۱۹۱۴ء — ۱۹۳۵ء) سے بڑی حد تک مطابقت رکھتا ہے۔ اِسی بناء پر مختصر افسانے کی تشکیل و تعمیر میں اِن ظرافت نگاروں کا بھی حصہ ہے جن کی سب یا بعض ظریفانہ تحریریں اتفاقاً یا دانستہ کوشش کی بناء پر مختصر افسانے کا روپ اختیار کر گئی ہیں۔ پطرس، مرزا فرحت، شوکت تھانوی، تاج، اور عظیم بیگ وہ ظرافت نگار ہیں جن کا کام اِس ضمن میں توجہ اور جائزے کا مستحق ہے۔

پطرس نے نہایت کم لکھنے کے باوجود ہر معیار کے قاری اور ہر قسم کے نقاد سے ہمیشہ خراج تحسین وصول کیا ہے۔ اُن کی ظرافت صحیح معنوں میں وہ چیز ہے جسے ہیومر کہتے ہیں اور وہ ایک سچے ہیومرسٹ ہیں۔ پھر یہ کہ اُن کی ظرافت خیال کی ظرافت ہے جس میں ذہنی شگفتگی، تازگیِ فکر، شوخیِ طبع، مشاہدے کی تیزی اور باریک بینی کی حیرت انگیز کارفرمائی ملتی ہے۔ ظرافت سے قطع نظر، اُن کی نثر بے حد صاف، واضح، متوازن اور جچی تلی ہوتی ہے۔ اور حقیقت یہ ہے کہ بہت کم لکھنے والے ایسی شفاف اور نکھری ہوئی زبان لکھنے پر قادر رہے ہیں۔ افسانہ نگاری کے نقطۂ نظر سے اہم بات یہ ہے کہ اُن کے بیشتر مضامین افسانے کا روپ اختیار کرتے ہیں "مضامینِ پطرس" کے گیارہ مضامین میں سے سات یعنی "ہاسٹل میں پڑھنا"، "سویرے جو کل آنکھ میری کھلی"، "میں ایک میاں ہوں"، "مریدپور کا پیر"، "سینما کا عشق"، "میبل اور میں"، اور "مرحوم کی یاد میں" اِس لحاظ سے افسانے ہیں کہ افسانہ کو جو چیز افسانہ بناتی ہے وہ پلاٹ ہے۔ اور یہ پلاٹ سے عاری نہیں۔ گو یہ صحیح ہے کہ اِن کے پلاٹ بھاری بھرکم، طویل اور پیچیدہ ہونے کی بجائے ہلکے پھلکے، مختصر اور سادہ ہیں۔ آگے چل کر اردو میں تاثراتی افسانے اور "بغیر پلاٹ کی کہانیاں" کثرت کے ساتھ لکھی گئیں۔ چنانچہ افسانہ نگاری کا یہ اسلوب اب ایک عام اور مانوس چیز ہے۔ پطرس کے افسانوں کو اِس رجحان کا پیش رو خیال کیا جاسکتا ہے۔

مرزا فرحت اللہ بیگ متنوع ادبی مشاغل کے ادیب تھے۔ لیکن اُن کا اصلی ادبی کام مزاحیہ مضمون نگاری تھا اور حقیقت یہ ہے کہ وہ بڑے پائے کے ظرافت نگار تھے۔ اُن کی ظرافت زبان اور اندازِ بیان کی ظرافت ہے، واقعات کی ظرافت نہیں۔ وہ زبان کی چاشنی، اسلوب بیان کی دل آویزی، فقروں کی لطافت اور الفاظ کی مخصوص ترتیب سے مزاح پیدا کرتے ہیں، اور مضحک واقعات کا سہارا نہیں لیتے یا بہت کم لیتے ہیں۔ پھر یہ کہ اُن کی ظرافت ہمیشہ ہلکی پھلکی ظرافت ہی رہتی ہے اور طنز کی لہر ان کو کبھی نہیں چھوتی۔ اُس میں کہیں تیزی، طراری، بے باکی یا تلخی نہیں ملتی۔ وہ اِس قدر ہلکی پھلکی اور نرم و لطیف ہے کہ بسا اوقات ہم اُس کو خوش طبعی یا شگفتگی کا نام بھی دے سکتے ہیں۔ پطرس کی طرح مرزا فرحت بھی اصلاً مضمون نگار یا انشائیہ نگار ہیں۔ اور پطرس کے "مضامین" کی طرح ان کے مضامین بھی بعض اوقات مختصر افسانے کی شکل اختیار کر جاتے

ہیں۔ " نئی اور پرانی تہذیب کی ٹکر" اس کی ایک اچھی مثال ہے۔ "مضامین فرحت" کی پانچ جلدوں میں اس نوع کی تحریریں خاصی تعداد میں ہیں۔ اور ان سب کو اردو کے ابتدائی افسانوں میں شمار کرنا چاہیے۔ اردو افسانے کی تاریخ میں ان کی اہمیت یہ ہے کہ رومانیت کے غلبے اور رومانی افسانوں کی ریل پیل کے اس دور میں کچھ ایسے افسانے بھی لکھے گئے جو روزانہ زندگی کے عام اور معمولی واقعات و حالات کو روزانہ زندگی کی عام اور معمولی زبان میں پیش کرتے ہیں، اور یوں اردو افسانے نے تصور و تخیل کی اثیری بلندیوں سے اتر کر عام حقائق اور پیش پا افتادہ واقعات کی ٹھوس زمین پر قدم جمانا سیکھا۔

شوکت تھانوی کی مزاح نگاری اپنے مخصوص انفرادی رنگ کے باوجود مرزا فرحت کی مزاح نگاری سے بہت قریب کی چیز ہے۔ مرزا فرحت دہلی کی زبان پر جو قدرت رکھتے ہیں وہی قدرت شوکت کو لکھنوی محاورہ و روزمرہ پر حاصل ہے۔ پھر شوکت بھی مرزا فرحت کی طرح اپنی مزاح نگاری اور مضمون نگاری کے لیے عام اور معمولی زندگی سے خام مواد حاصل کرتے ہیں۔ وہ نہ تو خوبصورت الفاظ اور خوشنما تراکیب کے طوطا مینا بناتے ہیں، نہ خیال پرستی میں مبتلا ہو کر ہوائی قلعے تعمیر کرتے ہیں۔ افسانوی ہیئت کا احساس شوکت کے یہاں جتنا ملتا ہے اتنا نہ پطرس کے یہاں ہے نہ مرزا فرحت کے یہاں۔ ایسا محسوس ہوتا ہے کہ قصہ گوئی سے اُن کے مزاج کو خاص مناسبت ہے۔ اور اگر مزاح نگاری کا رجحان اُن کو اس راستے سے ہٹا کر دور نہ لے جاتا تو وہ ایک افسانہ نگار ہی کی حیثیت سے مشہور ہوتے۔ بہر حال اُن کے اکثر و بیشتر مضامین افسانے کا روپ دھارتے ہیں، اور اردو افسانے کی تاریخ میں اُن کی بھی بالکل وہی اہمیت ہے جو مرزا فرحت کے افسانوی مضامین کی ہے۔ یعنی اُن کی بدولت اردو کی افسانوی روایت نے حقیقت نگاری کے ساتھ اپنا رشتہ استوار کیا اور واقعیت کے دوش بہ دوش چلنا سیکھا۔

امتیاز علی تاج کی اصل اہمیت اُن کی ڈرامہ نگاری میں ہے۔ لیکن انھوں نے ظرافت نگاری کے بھی کچھ کامیاب نمونے پیش کیے ہیں۔ اس خصوص میں غالباً اُن کا تنہا کارنامہ وہ سلسلۂ مضامین ہے جو "چچا چھکن" کے نام سے مشہور ہے۔ اُس کا بنیادی خیال اخذ و استفادہ پر مبنی ہے، اور چچا چھکن کا کردار انگریزی ادب کے ایک مشہور مزاحیہ کردار کا عکس ہے، گو مصنف نے اُس کو اس کامیابی کے ساتھ مشرقی رنگ میں رنگا ہے کہ نقل پر اصل کا دھوکا

ہوتا ہے۔ بہر نوع "چچا چھکن" اردو کے مزاحیہ ادب کا ایک گراں قدر کارنامہ اور مزاحیہ کردار نویسی کا ایک بے حد کامیاب نمونہ ہے، جس نے نہ صرف پڑھنے والوں میں مقبولیت حاصل کی، بلکہ لکھنے والوں کو بھی متاثر کیا۔ اس میں ہر مضمون "چچا چھکن" کے بنیادی کردار سے متعلق ہے اور اپنی جگہ پر ایک کرداری افسانے کی حیثیت رکھتا ہے۔ اردو افسانے کے ارتقا میں اس کامیاب کردار نگاری کے ساتھ تاج کی حیرت انگیز جزئیات نگاری اور زبان نویسی نے نہایت مفید اور قیمتی خدمت انجام دی۔

اُردو مزاح نگاروں میں عظیم بیگ چغتائی اِس اعتبار سے منفرد بلکہ استثنائی حیثیت کے مالک ہیں کہ وہ بیک وقت ظرافت نگار بھی ہیں اور افسانہ نگار بھی۔ پطرس، مرزا فرحت اور شوکت تھانوی تو بعض اوقات محض غیر شعوری طور پر افسانہ سرانجام کر جاتے ہیں لیکن عظیم بیگ شعوری حیثیت سے افسانہ نگار ہیں اور افسانہ ہی لکھتے ہیں۔ یہ دوسری بات ہے کہ ان کے افسانوں کی واقعاتی ظرافت اتنی شگفتہ، اتنی دل پذیر اور اتنی عام پسند چیز تھی کہ وہ ظرافت نگار کی حیثیت سے مشہور ہوئے۔ ان کے افسانوں نے اردو افسانہ نگاری کو عام اور روزانہ زندگی سے قریب لانے کی وہی خدمت انجام دی جو مرزا فرحت، شوکت اور تاج کی افسانوی تخلیقات کا خاص کارنامہ ہے۔ مزید برآں انھوں نے افسانے میں دل چسپ اور پُرکار پلاٹ کا عنصر داخل کر کے اردو افسانے کی روایت کو آگے بھی بڑھایا۔

یہ تھے قدر اوّل کے مزاح نگار جنھوں نے ضمناً اردو افسانے کی بھی خدمت کی۔ اِس سلسلے میں کچھ اور مزاح نگاروں کا کام بھی لائق ذکر ہے۔ مثلاً سید آوارہ نے لکھنوی معاشرت کے مزاحیہ مرقعے پیش کیے۔ لکھنوی محاورے پر مصنف کی حیرت انگیز قدرت نے مشاہدے کی باریکی، جزئیات نگاری، اور لطیف مزاح کے ساتھ مل کر اِن مرقعوں کو خاصے کی چیز بنا دیا ہے۔ ناکارہ حیدر آبادی اور چراغ حسن حسرت کی مزاحیہ تحریروں میں بھی اِسی نوعیت کے ظرافت آمیز معاشرتی مرقعے دستیاب ہو جاتے ہیں۔

(۴)

مقصدی و اصلاحی افسانہ نگار

ہم نے دیکھا کہ اِس دور کے رومانی اور مزاحیہ افسانہ نگار محض ضمنی یا اتفاقی طور پر ہی افسانہ نگ

تھے۔ اُن سے قطع نظر کرتے ہوئے جب ہم اِس دور کے حقیقی اور باقاعدہ افسانہ نگاروں پر نظر ڈالتے ہیں تو اولاً اصلاحی اور معاشرتی افسانہ نگاروں کا گروہ ہماری توجہ کو جذب کرتا ہے۔ یہ لکھنے والے جدید افسانے کی اُس روایت کے حقیقی وارث ہیں جس نے بیسویں صدی کے آغاز میں ایک مخصوص ادبی اور عمرانیاتی پس منظر سے ابھر کر تشکیل پائی تھی۔ پریم چند اور کسی حد تک راشد الخیری اُن کے کارواں سالار ہیں جن کی رہنمائی میں یہ اِس روایت کو آگے بڑھاتے ہیں۔ پریم چند کے توسط سے انھوں نے سرشار، ٹیگور، اور سرت چندر چڑجی کی سماجی حقیقت نگاری ورثے میں پائی ہے، اور راشد الخیری کے توسل سے نذیر احمد کی معاشرتی اصلاح پسندی اُن کو ترکے میں ملی ہے۔ یہی دونوں رجحان اُن کی افسانوی تخلیقات کی روح رواں ہیں۔ اِن لکھنے والوں میں سلطان حیدر جوشؔ، اعظم کریوی، علی عباس حسینی اور پروفیسر مجیب خصوصیت کے ساتھ قابل ذکر ہیں۔

سلطان حیدر جوشؔ کی تحریروں میں متعدد عصری رجحانات کی کارفرمائی نظر آتی ہے۔ ایک طرف وہ اپنے دور کی جمالیاتی نثر نگاری کی تحریک سے متاثر ہیں، دوسری طرف طنز و مزاح کی جانب بھی ایک واضح میلان رکھتے ہیں۔ مقصدی رجحان اور معاشرتی و تمدنی اصلاح کا جذبہ اِن دونوں پر مستزاد! اِنھیں مختلف عناصر کی آمیزش سے اُن کا مخصوص اسلوب بنا ہے جو اُن کی افسانوی اور غیر افسانوی تحریروں میں یکساں طور پر جلوہ گر ہے۔ پھر اگر یہ صحیح ہے کہ رومانیت، طنزیت اور اصلاحیت سلطان حیدر جوشؔ کی افسانہ نگاری کے اہم اوصاف ہیں، تو اِس سے بھی انکار نہیں کیا جا سکتا کہ معاشرتی اصلاح اِن کے مزاج کا سب سے قوی رجحان ہے۔ اور اِس اعتبار سے اپنی رومانیت پسندی کے باوجود وہ دراصل پریم چند اور راشد الخیری کے گروہ کے آدمی ہیں۔ پریم چند دیہاتی و قصباتی عوام کی زندگی سے اپنے افسانوں کا مواد حاصل کرتے ہیں۔ راشد الخیری اپنی کہانیوں اور ناولوں میں شہری متوسط طبقے کی مسلمان عورتوں کے مسائل و مصائب پیش کرتے ہیں۔ سلطان حیدر جوشؔ کے مطالعے کا میدان ان دونوں میدانوں سے مختلف ہے۔ وہ مسلمانوں کے خوش حال انگریزی تعلیم یافتہ طبقے کو اپنا موضوع بناتے ہیں، اور مغربی تہذیب کے دل دادہ نوجوانوں اور جدید الوضع خواتین کی بے اعتدالی و ناہمواری کو کبھی طنز، کبھی تضحیک اور کبھی محض ہلکے پھلکے مزاح کے ذریعے نمایاں کرنے کی کوشش کرتے ہیں۔ اِس کوشش کا محرک اُن کا جذبۂ اصلاح ہے جو کہیں اُن کے

رومانی اسلوب کی نقاب اوڑھ لیتا ہے، اور کہیں بے نقاب ہو کر ہی سامنے آتا ہے۔ نظریاتی اعتبار سے اِس اصلاحی و احتجاجی افسانہ نگاری کا رشتہ اکبر الہ آبادی کی شاعری سے جوڑنا شاید غلط نہ ہو۔ بہر نوع سلطان حیدر جوشؔ کے معاشرتی افسانوں نے اردو افسانے کی ابھرتی ہوئی تحریک کو سماجی زندگی سے مربوط کرنے میں قابلِ قدر خدمت انجام دی۔

پریم چند کے ہم رنگ لکھنے والوں میں شاید سب سے اہم اور نمایاں مقام پنڈت سدرشن کو حاصل ہے۔ اُن کا اسلوب پریم چند کے اسلوب سے بے حد مشابہ ہے۔ اِس مشابہت کو دیکھتے ہوئے اگر اُن کو پریم چند کا مثنیٰ قرار دیا جائے تو غالباً کچھ دور از کار بات نہ ہوگی۔ دونوں میں جو واضح فرق ہے وہ یہ ہے کہ اگر پریم چند کی بیشتر توجہ کا مرکز اودھ کے دیہاتی عوام کی زندگی ہے تو سدرشن پنجاب کے شہری متوسط اور زیریں متوسط طبقوں کے حالات و واقعات پیش کرتے ہیں۔ کہانی کے گُر سے دونوں واقف ہیں۔ لیکن چونکہ سدرشن نے پریم چند کی تقلید پر اکتفا کیا اور کوئی مخصوص انفرادی اسلوب پیدا کرنے سے قاصر رہے، اس لیے اُن کا مرتبہ فروتر رہا۔ علاوہ ازیں پریم چند کے افسانوں میں سماجی زندگی کے ٹھوس اور بنیادی مسائل پر جس ذہنی گرفت کا ثبوت ملتا ہے وہ بھی سدرشن کے یہاں مفقود ہے۔ تاہم اِس سے انکار نہیں کیا جا سکتا کہ سدرشن اردو کے اُن چند اولین افسانہ نگاروں میں ہیں جنھوں نے ہم عصر زندگی سے آنکھیں چار کیں اور اُس کے تقاضوں سے عہدہ برآ ہونے کی کوشش کی۔ اس اعتبار سے اُن کی تاریخی اہمیت قطعی طور پر مسلم ہے۔

اعظم کریوی کو بھی پریم چند کے متبعین میں شمار کیا جاتا ہے۔ لیکن اِن کے افسانوں میں پریم چند کا تتبع صرف اِس قدر ہے کہ پریم چند کی طرح وہ بھی دیہات کی زندگی کو اپنے مطالعے کا میدان قرار دیتے ہیں۔ جہاں تک نقطۂ نظر اور اندازِ نظر کا تعلق ہے وہ پریم چند اور سدرشن دونوں سے بہت مختلف ہیں۔ پریم چند کا نقطۂ نظر اپنے آخری تجزیے میں اکثر و بیشتر سیاسی نوعیت رکھتا ہے۔ سدرشن کے اندازِ نظر میں بھی سیاسی مضمرات کی جھلکیاں دیکھی جا سکتی ہیں۔ اعظم کریوی کے افسانوں کی دنیا اِس چیز سے یکسر خالی ہے۔ وہ دیہات کی زندگی کو رومانیت کے رنگین شیشوں سے دیکھنے اور دکھانے کے عادی ہیں۔ گاؤں اُن کے نزدیک رنگین و پر کیف رومانوں کی بستی ہے۔ اُن کی نظر گاؤں والوں کی مادی پستی اور تہذیبی پس ماندگی پر اتنی نہیں پڑتی جتنی اُن کی سادگی،

معصومیت، خلوص دل، بے ریائی اور دوسرے رومان پرور عناصر پر پڑتی ہے۔ یہی اُن کے فکر و نظر کی محدودیت ہے۔ انھوں نے ہلکی پھلکی رومانی کہانیاں ضرور لکھیں، اور یہ بھی سچ ہے کہ اُن کی بعض دیہاتی کہانیوں میں وہی دل کو موہ لینے والی نرمی اور مٹھاس ہے جو دیہاتی گیتوں میں پائی جاتی ہے، لیکن یہ کہنا مشکل ہے کہ انھوں نے اردو افسانے کی روایت کو آگے بڑھایا یا اس کی بنیادوں کو مضبوط کیا۔

پریم چند کے دور اور زمرے کے لکھنے والوں میں علی عباس حسینی کی فسانہ نگاری نے شاید سب سے زیادہ طویل عمر پائی۔ انھوں نے پریم چند ہی کے زمانے سے لکھنا شروع کیا اور پریم چند کے گزر جانے کے مدتوں بعد تک لکھتے رہے۔ اِس طویل مدت کے دوران میں اردو افسانہ بہت سے منازل و تغیرات سے گزرا اور کہیں سے کہیں پہنچ گیا۔ یہ تو نہیں کہا جاسکتا کہ حسینی نے اِن تبدیلیوں کا ہمیشہ ساتھ دیا، یا یہ کہ ان کا فن برابر ارتقاء پذیر رہا، مگر یہ ضرور کہا جا سکتا ہے کہ وہ اِن تبدیلیوں کے ساتھ کسی نہ کسی حد تک نباہ کرتے رہے اور اُن کے باوجود کم و بیش اپنے رنگ میں برابر لکھتے رہے۔ طرز و اسلوب کا جہاں تک تعلق ہے، حسینی کا مستقل رنگ وہی ہے جو پریم چند کے ابتدائی افسانوں میں ہمیں ملتا ہے۔ وہی دیہاتی و قصباتی زندگی کا پس منظر، وہی معاشرتی کوائف کی عکاسی، وہی اصلاحی نقطۂ نظر، اور واقعات کی پیش کش میں وہی داستانی انداز۔ اُن کے افسانوں کے کردار زیادہ تر دیہات و قصبات کے مختلف طبقوں کے افراد ہوتے ہیں جن کی خودداری، عزّت و حمیت، صداقت و راستبازی، جرأت و مردانگی، اور بے باکی و صاف گوئی کو وہ جھلکانے کی کوشش کرتے ہیں۔ یوں حسینی کا نقطۂ نظر واقعیت سے زیادہ جذباتیت اور حقیقت پرستی سے زیادہ عینیت پسندی پر مبنی ہے۔ پھر اُن کا اجتماعی شعور بھی کچھ بہت گہرا نہیں ہے۔ اپنی خارجیت پسندی اور معاشرت نگاری کے باوجود وہ سماجی زندگی کے پیچ در پیچ رشتوں سے واقفیت کا ثبوت ہم نہیں پہنچاتے۔ سماجی مظاہر کی پشت پر جو عوامل کارفرما ہیں اُن سے وہ باخبر نہیں۔ کوئی واضح سیاسی مسلک بھی اُن کے پاس نہیں۔ اِن سب باتوں کا نتیجہ یہ ہے کہ وہ اپنی کہانیوں میں پریم چند کے افسانوں کی سی ٹھوس، واضح، اثر انگیز اور آسودگی بخش مقصدی کیفیت پیدا کرنے سے قاصر رہتے ہیں۔ علاوہ بریں وہ گاؤں کی زندگی پیش کرتے ہیں تو اُن کے انداز میں وہ فطری بے ساختگی نہیں ہوتی جو پریم چند کے افسانوں میں ہمیں ملتی ہے۔ یہ محسوس نہیں ہوتا کہ

یہ آواز دیہاتی زندگی کی گہرائیوں یا وسعتوں سے اٹھ رہی ہے، بلکہ ایسا معلوم ہوتا ہے کہ کوئی باہر کا شخص دیہی آبادی کے معاملات میں زبردستی دلچسپی لینے کی کوشش کر رہا ہے۔ کوشش اور آورد کا احساس اُن کے اکثر افسانوں کو بے اثر اور بے لطف بنا کر رکھ دیتا ہے۔ سب سے اہم بات یہ ہے کہ افسانہ نگاری کے جس رنگ کو انھوں نے ابتدا میں پریم چند کے زیر اثر اختیار کیا تھا اور جس کو وہ عمر بھر اپنائے رہے اُس رنگ کو خود پریم چند اپنے ابتدائی دور ہی میں پیچھے چھوڑ کر آگے بڑھ گئے تھے۔ جب ترقی پسند ادب کی تحریک شروع ہوئی تو حسینی نے بھی ترقی پسندی کی علمی بنیادوں سے واقفیت اور ادب میں ترقی پسندی کے حقیقی مطالبات کا شعور پیدا کیے بغیر اُس وقت کے نام نہاد ترقی پسندانہ موضوعات کو اپنایا، جس کا نتیجہ صرف یہ نکلا کہ اُن کی افسانہ نویسی پہلے سے بھی زیادہ بے لطف و بے اثر ہو کے رہ گئی۔ الغرض حسینی کی افسانہ نگاری شروع سے آخر تک ایک فرسودہ ڈگر پر گامزن رہی اور اُنھیں کے دور کا جدید افسانہ جو من گھڑت واقعات کے سپاٹ بیان سے زیادہ نفسیاتی تجزیہ نگاری پر اور خارجی حقائق کے ساتھ داخلی کیفیات کی مصوری پر مبنی تھا عین اُن کی نظروں کے سامنے منزلوں پر منزلیں مارتا رہا اور جلد اُن کی نگاہ سے اوجھل ہو کر کہیں کا کہیں پہنچ گیا۔

پروفیسر مجیب کو بھی، اُن کے افسانوں کی نوعیت کے پیش نظر، اردو افسانہ نگاروں کے اِسی گروہ کا فرد خیال کرنا چاہیے۔ افسانہ نویسی کے میدان میں اُن کی کارگزاری بہت محدود ہے۔ انھوں نے گنتی کی چند کہانیاں لکھیں جن کا مجموعہ ۱۹۳۰ء کے لگ بھگ "کیمیاگر" کے عنوان سے شائع ہوا۔ مگر تعداد سے قطع نظر کرتے ہوئے اگر وضعی اعتبار سے دیکھا جائے تو یہ چند کہانیاں ایک خاص اہمیت اور وزن رکھتی ہیں۔ اُن کی اصل خصوصیت ایک خاص قسم کی حقیقت نگاری ہے جو مغرب کے افسانوی ادب میں نایاب یا کمیاب نہیں، بلکہ ہمارے یہاں غالباً اُس وقت تک مفقود تھی۔ یہ حقیقت نگاری خارجی حالات کی بے لاگ عکاسی سے عبارت ہے۔ یہ مصنف کی علیحدگی، لاتعلقی اور بے غرضی پر مبنی ہوتی ہے۔ اِس میں مصنف کی جانب سے کوئی رنگ آمیزی نہیں ہوتی۔ مصنف اپنی شخصیت، اپنے نقطۂ نظر، اپنے سیاسی رجحانات اور اخلاقی مزعومات سمیت الگ تھلگ رہتا ہے۔ وہ پیش کیے جانے والے حالات و واقعات میں اپنی آرزوئیں اور اپنے خوابوں کے رنگ نہیں بھرتا۔ وہ ایک خاص زندگی کی ترجمانی کرتا ہے۔ اُس زندگی کے بارے میں اپنے افکار اور احساسات پیش نہیں کرتا۔

اُس پر تبصرہ نہیں کرتا۔ نہ اُس پر کوئی حکم لگاتا ہے۔ وہ جس زاویے سے زندگی کی عکاسی کرتا ہے اُس کو اپنے مخصوص رجحان یا نقطۂ نظر کے اظہار کے لیے کافی سمجھتا ہے۔"کیمیا گر" کے افسانوں میں اِس ٹکنیک کو، شعوری طور پر یا غیر شعوری طور پر، کسی قدر کامیابی کے ساتھ برتا گیا ہے۔ اور یہ ایک نیا عنصر تھا جو اِس مجموعے کے توسط سے اردو افسانے کی ترکیب میں داخل ہوا۔

یہ لوگ جن کا ابھی ذکر ہوا معاشرتی اور اصلاحی رنگ کے خاص لکھنے والے تھے۔ اِن کے علاوہ کچھ اور ادیبوں نے بھی اِس رنگ میں یا اِس سے ملتے جلتے انداز میں لکھا۔ لیکن یا تو افسانہ نگاری خصوصیت کے ساتھ اُن کا میدان نہیں تھا، یا اُن کی افسانوی تخلیقات مقدار کے لحاظ سے کچھ بہت وزنی نہیں تھیں۔ اِس لیے ان کی اہمیت نسبتہً کم ہے۔ پھر بھی انھوں نے جو کچھ لکھا اُس کی اردو ادب میں ایک جگہ ہے جو لائق ذکر بھی ہے۔ وھوھذا:

خواجہ حسن نظامی ایک صاحب طرز نثر نگار تھے۔ سادگی اور تاثیر کے لحاظ سے اُن کا اسلوب بے مثل تھا۔ شاید ہی کسی دوسرے ادیب نے اتنی بے پناہ سادگی کے ساتھ اِس حد تک پُر اثر نثر لکھی ہو! انھوں نے عمر بھر لکھا اور متعدد اصناف میں لکھا۔ لیکن اُن کا خاص ادبی کام دراصل انشائیہ نگاری تھا۔ افسانہ اُن کا میدان نہیں تھا۔ تاہم گاہے گاہے انھوں نے کہانیاں بھی لکھیں، بلکہ ناول بھی مثلاً "شیطان کا طوطا"، جو ایک مذہبی افسانہ ہے اور طمانچہ بر رخسار یزید جو ایک مذہبی ناول ہے۔ پھر اُن کے بعض انشائیے بھی افسانے کا روپ اختیار کر گئے۔"سی پارۂ دل" اُن کے مضامین کا مجموعہ ہے۔ اُس میں وہ تمام مضامین جو غدر کی خوں ریزی و تباہ کاری سے متعلق ہیں افسانے کے ذیل میں شمار کیے جائیں گے۔ ان کے علاوہ بھی سی پارۂ دل کے بعض مضامین دراصل افسانے ہیں۔ کہانیوں میں خواجہ صاحب کا مقصد یا تو جدید تہذیب کی مخالفت، مغربی معاشرت کی تکذیب اور مذہبی قدروں کی تبلیغ ہوتا ہے، یا پھر دلی کے قدیم مفلوک الحال خاندانوں کی ذلت و نکبت اور معاشی ابتری کا ذکر کر کے رائے عامہ کو بیدار کرنا اُن کی غایت ہوتی ہے۔ غایت و مقصد سے قطع نظر، اُن کی معاشرت نگاری لاجواب ہے، اور اُس کو دراصل اُن کے بے مثل اسلوب کا کرشمہ کہنا چاہیے۔ خواجہ صاحب کو اُس خاص دبستانِ نثر یا نثر نگاروں کے اس خاص گروہ سے بھی متعلق خیال کیا جاسکتا ہے جس کے افراد نے دلی مرحوم کے ذکر و اذکار کو اپنا موضوع خاص قرار دیا اور جو کچھ لکھا دلی کی ٹکسالی اور ٹھیٹھ بول چال کی زبان میں لکھا۔ اِس گروہ کے بعض افراد

کے یہاں تو یہ رنگ کسی قدر اعتدال کے ساتھ آیا، مگر بعضوں کی تحریر میں نہایت تیز اور شوخ اور گہرا بھی رہا۔ اور کہیں کہیں تو اتنا گہرا کہ لکھنے والا دلّی کی بیگماتی زبان کی جگہ دلّی کے زنخوں اور ہیجڑوں کی زبان لکھتا ہوا معلوم ہوتا ہے۔ اگر خواجہ صاحب کو اِس دبستان کا فرد خیال کیا جائے تو یہ بھی یاد رکھنا ہوگا کہ خواجہ صاحب کی اِس نوع کی تحریروں میں وہ دہلوی عصبیت، وہ مقامیت، وہ محدودیت اور وہ غلو یا نمائش قطعاً مفقود ہے جو اِس اسکول کے بعض لکھنے والوں کی نثر میں پائی جاتی ہے۔ حقیقت یہ ہے کہ خواجہ صاحب نثر نگاری کے باب میں اِس نوع کی کسی بھی حد بندی کے قائل نہیں تھے۔ اُن کا قلم اپنی رفتار میں آزادہ روی اور بے پرواخرامی کی شان رکھتا ہے اور کسی مخصوص چال ڈھال کی زنجیر اپنے قدموں میں ڈالنا پسند نہیں کرتا۔ خواجہ صاحب کی حقیقی ادبی عظمت کا راز بھی اُن کے اِسی آزادانہ اندازِ تحریر میں پوشیدہ ہے۔ اُن کی نثر نگاری اپنے آخری تجزیے میں بے ساختہ و بے تکلف طرز و روش کا شاہکار ہے۔ اور وہ خود افسانہ نگار یا انشائیہ نگار یا دہلویت نگار یا کچھ اور بعد میں ہیں، نثر میں سہل ممتنع کے استادِ کامل سب سے پہلے ہیں۔ ناصر نذیر فراق دہلوی خواجہ حسن نظامی کے ہم عصروں میں تھے، اور دہلی مرحوم کی تہذیبی زندگی کے مختلف پہلوؤں پر مضامین لکھتے تھے۔ اُن کے اِس نوع کے مضامین کے جو مجموعے چھپے اُن میں "مضامینِ فراق" اور "لال قلعے کی ایک جھلک" لائق ذکر ہیں۔ خواجہ حسن نظامی کے بعض مضامین کی طرح فراق کے کچھ مضامین بھی کہانی کی شکل میں ہیں اور اِس دور کی معاشرتی افسانہ نگاری کا جزو خیال کیے جا سکتے ہیں۔

میر باقر علی داستان گو دہلوی ایک قدیم فن کے نام لیوا اور شاہی داستان گوؤں کے ایک طویل سلسلے کی آخری کڑی تھے۔ وہ داستان گو تھے، داستان نویس نہیں تھے۔ پھر بھی انھوں نے کچھ قصے قلمبند کیے، مثلاً "گون"، "خلیل خاں اور فاختہ" اور "اہل محلہ اور نااہل پڑوسی"۔ غالباً اِس بناء پر کہ وہ داستان گو تھے اِن قصوں میں جہاں بھی معاشرت اور معاشرتی حالات کی عکاسی کی گئی ہے وہاں جزئیات نگاری لاجواب ہے، اور مقامی رنگ نہایت شوخ اور گہرا۔ یہ چیزیں اِس درجہ تکمیل اور اہتمام کے ساتھ پریم چند اور دوسرے باقاعدہ افسانہ نگاروں کے یہاں بھی نہیں ملتیں۔

آغا حیدر حسن دہلوی نے بھی حسن نظامی، ناصر نذیر فراق، اور میر باقر علی کی طرح دلّی کی گزری

ہوئی معاشرت اور تہذیب پر لکھا، لیکن انھوں نے دلّی کے محاورہ و روزمرّہ کے برتنے پر اکتفانہ کرتے ہوئے دلّی کی بیگماتی زبان کا استعمال کیا اور جو کچھ اس میں ادبا کے زنانہ محاورات اور نسوانی بول چال کو جگہ دی۔

سید وزیر حسن دہلوی اور قاری سرفراز حسین عزمی بھی دہلوی ادیبوں کے اِسی گروہ سے تعلق رکھتے ہیں۔ اور اُن کے کام کی بھی وہی نوعیت اور حیثیت ہے جو بالائی سطور میں بیان ہوئی۔

اِن بزرگوں کی روایت کو ذرا آگے چل کر جن نوجوان لکھنے والوں نے جاری رکھا ان میں خواجہ محمد شفیع، اشرف صبوحی اور سید یوسف بخاری کے نام لیے جا سکتے ہیں۔ انھوں نے اپنے پیش رؤوں کی طرح دہلی کی ٹکسالی زبان میں قدیم دہلی کی تہذیب، معاشرت، اور رسم و رواج پر مضامین، افسانے یا ناول لکھے، اور من حیث المجموع اِس دور کی افسانہ نگاری میں حقیقت نگاری اور واقعیت پسندی کے رجحان کو تقویت بخشی۔

خواجہ عبدالرؤف عشرت لکھنوی نے قدیم لکھنؤ کے سلسلے میں وہی کام کیا جو مذکورہ بالا دہلوی ادیبوں نے قدیم دہلی کے سلسلے میں کیا تھا۔ انھوں نے اپنے افسانوں اور غیر افسانوی مضامین میں گزرے ہوئے لکھنوی تمدن کے مختلف پہلوؤں پر روشنی ڈالی۔ اِس دور کے افسانوی ادب میں اِن تحریروں کی وہی حیثیت ہے جو ناصر نذیر فراقؔ اور اُن کے ہم رنگ لکھنے والوں کے کام کی ہے۔

حامد اللہ افسر نے بھی اِس دور میں کچھ افسانے لکھے جن میں متوسط طبقے کے مسلمان گھرانوں کے مسائل و حالات سے تعرض پایا جاتا ہے۔ یہ افسانے احساس، فکر و نظر اور تجربات کی گہرائی سے محروم ہونے کے باعث کچھ بہت پُراثر نہیں ہیں، تاہم اِس سے انکار نہیں کیا جا سکتا کہ یہ اپنے زمانے کی سماجی حقیقت نگاری کے مطالبات کو پورا کرتے ہیں، اور ابتدائی دور کی مثالیت و جذباتیت یا رنگینی و شعریت سے کوئی علاقہ نہیں رکھتے۔

فضل حق قریشی کے افسانوں میں بھی سماجی حقیقت نگاری کے اصول کی پیروی ملتی ہے۔ انھوں نے بھی مسلمانوں کے متوسط طبقے کی زندگی کو اپنا موضوع بنایا، اور نہ صرف مادّی و عملی بلکہ ذہنی و فکری زندگی کے بھی بہت اچھے مطالعے پیش کیے۔ اُن کے افسانوں میں جو قوت و صلابت، شدت، گہرائی اور فکری سوجھ بوجھ ہے وہ اِس تشکیلی دور کے بہت کم لکھنے والوں کے یہاں ملتی ہے۔ مگر افسوس کہ اُن کے کام کی مقدار کم اور تخلیقات کی تعداد بہت محدود رہی۔

مرزا فہیم بیگ چغتائی اُن لوگوں میں تھے جو لکھنے لکھانے کا وہبی ملکہ رکھتے ہیں۔ زبان اور محاورہ و روزمرہ پر اُن کی دسترس وہ چیز تھی جو کتابوں کے مطالعے سے حاصل نہیں ہوتی۔ بلکہ اُس کو انسان کسی فطری صلاحیت یا کسی خاص مزاج کے زیرِ اثر براہ راست زندگی اور شرکتِ حیات سے حاصل کرتا ہے۔ مرزا فہیم بیگ نے بہت کم لکھا اور باقاعدگی کے ساتھ نہیں لکھا۔ کتابی شکل میں اُن کے صرف دو طویل افسانے "چہیتا بھائی" اور "محمدی بوا" شائع ہوئے۔ یہ دونوں کہانیاں بچوں کے لیے لکھی گئی ہیں، لیکن اِن میں عام انسانوں کی زندگی اور معاشرتی کوائف کی پُرخلوص ترجمانی کے ساتھ ماحول کی عکاسی، کیفیات کی نقاشی اور جزئیات کی مصوری کا جو بلند معیار ملتا ہے وہ مرزا فہیم بیگ کی افسانہ نویسی کا عام رنگ ہے۔

(۵)

نیم رومانی و نیم مقصدی افسانہ نگار

اِس دور کی افسانہ نگاری میں کچھ اور بھی نام ہیں جو بڑی اہمیت رکھتے ہیں۔ لیکن اُن کو افسانہ نگاروں کے رومانی، مزاحیہ اور اصلاحی گروہوں میں سے کسی گروہ کے ذیل میں شمار نہیں کیا جا سکتا۔ کسی مناسب نام کی عدم موجودگی میں اگر ہم انھیں نیم رومانی و نیم مقصدی کہیں تو شاید نامناسب نہ ہوگا۔ یہ وہ لوگ ہیں جو نہ یکسر رومانی ہیں نہ خالص اصلاح پسند، بلکہ اِن دونوں رجحانوں کا امتزاج پیش کرتے ہیں۔ وہ نہ پریم چند اور سدرشن کے مقلدین میں ہیں، نہ یلدرم و نیاز کے متبعین میں۔ لیکن معاشرتی افسانہ نگاروں کے کارنامے ایک طرف، اور جمالیاتی نثر نگاروں کی تحریریں دوسری طرف، اِس دوگونہ ادبی ورثے کے وہ حقیقی اور جائز وارث ہیں۔ چنانچہ یہ دونوں رنگ اور دونوں میلان بڑے متناسب اور بہت سموئے ہوئے انداز میں اُن کے افسانوں میں جلوہ گر نظر آتے ہیں۔ رومانیت اُن کے عہد کا ایک اہم اندازِ فکر ہے۔ وہ قدرتی طور پر اُس سے متاثر ہیں۔ معاشرتی اصلاح پسندی بھی مشرقی و مغربی مصنفین کی پیہم کاوشوں کی بنا پر اِس وقت تک اردو افسانے میں کچھ اِس طرح رچ بس چکی ہے کہ وہ اُس کی طرف سے بے نیاز نہیں رہ سکتے۔ اِس کے ساتھ ساتھ یہ لوگ اگر ایک طرف رومانیئین کے رومانی غلو سے محفوظ ہیں تو دوسری طرف اُن کے یہاں اصلاح پسندی کا

وہ شدید اور والہانہ جوش بھی نہیں ہے جو بعض اوقات پریم چند جیسے فن کار کے کارناموں کو بھی فن کے اعلیٰ معیار سے گرا دیتا ہے۔ سب سے اہم بات یہ کہ لکھنے والوں کا یہ گروہ فنی شعور کے باب میں دوسرے افسانہ نگاروں سے نمایاں طور پر آگے ہے۔ افسانوی ہیئت، تشکیل اور ٹکنیک کا جو احساس اِن کے افسانوں میں ملتا ہے اور مغربی شاہکاروں سے ستفید ہونے کا جو ثبوت یہ فراہم کرتے ہیں وہ رومانی، اصلاحی اور مزاحیہ افسانہ نگاروں کے یہاں مفقود نہیں تو کم یاب ضرور ہے۔ اِس حقیقت کی روشنی میں اِس گروہ کی افسانوی تخلیقات مجموعی حیثیت سے اِس دور کا خاصا وقیع افسانوی ادب قرار پاتی ہیں۔ مجنوں گورکھپوری، حجاب امتیاز علی، عندلیب شادانی اور فیاض محمود کو اِس نیم رومانی گروہ کے اہم ترین افراد خیال کیا جا سکتا ہے۔

مجنوں گورکھپوری کے افسانے رومانیت اور سماجی حقیقت نگاری کی ترکیب باہمی کا بہت اچھا نمونہ ہیں۔ نیاز فتحپوری کے بعد مجنوں اردو کے دوسرے افسانہ نگار ہیں جن کی افسانہ نگاری ایک علمی شان کی حامل نظر آتی ہے۔ وہ اپنے مزاج کے اعتبار سے رومانی ہیں۔ یا شاید یہ کہنا بہتر ہوگا کہ وہ اپنے دور کے سب سے حاوی رجحان، رومانیت سے بیگانہ نہیں ہیں۔ لیکن اِس کے ساتھ ساتھ اُن کا علمی مطالعہ اور مشرق و مغرب کے ادبیات کا گہرا شعور جو بالآخر انھیں جدلیاتی مادیت اور اشتراکی حقیقت نگاری کے فلسفے تک لے جاتا ہے، اُن کی رومانیت کو اجتماعی زندگی کی باشعور مصوری کے ساتھ سمجھوتہ کرنے پر بھی مجبور کرتا ہے۔ قدرتی طور پر اُن کے افسانوں میں حسن وعشق کی نیرنگیوں اور شاعرانہ لطافتوں کے پہلو بہ پہلو فلسفیانہ اور حکیمانہ موشگافیوں کی کمی نہیں۔ اُن کے یہاں ایک علمی قنوطیت کا عکس نظر آتا ہے جس کو بعض نقادوں نے مشہور انگریزی ناول نگار ٹامس ہارڈی کے اثر سے تعبیر کیا ہے۔ ہو سکتا ہے کہ مجنوں کا حزن یا ان کے افسانوں کی حزنیہ فضا پڑھنے والوں کے ذہن میں ہارڈی کے المیہ ناولوں کی یاد تازہ کر دیتی ہو، مگر حقیقت یہ ہے کہ اُن کی تخلیقات میں نہ تو حقیقی ٹریجڈی کے عناصر پائے جاتے ہیں نہ اُن کا غم ہی "تخلیقی غم" کی شان رکھتا ہے۔ اُن کے بظاہر غمگین افسانوں میں تصنع، کوشش اور آورد کی صریح موجودگی کسی حقیقی حزنیہ تاثر کے پیدا کرنے میں مانع آتی ہے۔ ویسے یہ بھی حقیقت ہے کہ کسی بڑے مصنف (اور مغربی مصنف) کی شعوری پیروی خود لکھنے والے کی ادبی شخصیت کے آزادانہ اظہار میں رکاوٹ ڈالتی ہے اور اُس کی تخلیقات

میں ایک گونہ آورد پیدا کرنے کا باعث ہوتی ہے۔ پھر افسانوی آرٹ کا علمیت سے بھی کوئی براہِ راست تعلق نہیں ہے۔ اور محض علمیت کے بل پر جو افسانہ نگاری ہوگی اُس میں بے ساختگی اور تاثیر کا عنصر اُسی نسبت سے کم ہوگا جس نسبت سے علمیت افسانہ نگارانہ جوہر و قابلیت پر حاوی ہوگی۔ علمی شان اور علمی وقار جیسی چیزیں پر خلوص افسانہ نگاری سے کم ہی میل کھاتی ہیں۔ مجنوں کے افسانے بلاشبہ اِن خامیوں کے آئینہ دار ہیں۔ تاہم اِس سے انکار نہیں کیا جا سکتا کہ مجنوں نے افسانہ نگاری کے باب میں جو سنجیدہ روش اختیار کی، جن اعلیٰ افسانوی معیاروں کو اپنے سامنے رکھا، اور ہر مرحلے پر جس شستہ ادبی ذوق سے کام لیا، ان سب باتوں نے اردو افسانے کو آگے بھی بڑھایا اور اُس کا وقار بھی بلند کیا۔

حجاب امتیاز علی (جو ابتدا میں ایک مدت تک حجاب اسمٰعیل کے نام سے لکھتی رہیں) اپنے افسانوں میں ایک بہت ہی مخصوص و منفرد اور بڑی تیکھی اور رچی ہوئی رومانیت کی علم بردار رہی ہیں۔ اُن کی رومانیت حقیقی اور خالص ہوتے ہوئے بھی یلدرم اور ان کے ہم رنگ لکھنے والوں کی اثیری رومانیت سے اِن معنوں میں مختلف ہے کہ سماج اور سماجی رشتوں کے شعور سے وہ بہر حال بیگانہ نہیں۔ معاشرتی زندگی اور معاشرتی کوائف سے اُس کا تعلق بہر حال قائم رہتا ہے۔ اب یہ دوسری بات ہے کہ حجاب جس سماجی طبقے کی عکاسی کرتی ہیں وہ کوئی بہت ہی اچھوتا اور نایاب طبقہ ہے جس کے افراد خوابناک جزیروں یا فسوں خیز سمندری ساحلوں پر پُراسرار محلات میں زندگی بسر کرتے ہیں، اور زندگی بھی وہ جس پر ہمہ وقت ناریل کے درختوں کے جھنڈ، صنوبر کے سائے، کاسنی رنگ کے گلاب کے پھول، عشق پیچاں کی بیلیں، گرم ایشیائی راتوں کی گداز بھری فضائیں، حبشی النسل خادمائیں، ایرانی بلیاں، اور اِسی نوع کے دوسرے رومان پرور عناصر سایہ کیے رہتے ہیں۔ اِنھیں عناصر کی موجودگی سے حجاب کے افسانوں کا مخصوص رنگ و آہنگ متعین ہوتا ہے، اور اِنھیں کی مدد سے وہ نرم و نازک اور لطیف و ملائم افسانوی فضا ترکیب پاتی ہے جس میں پڑھنے والا وقتی طور پر مادّی حقائق کی تلخیوں سے نجات حاصل کرتا ہے۔ حجاب کے بعض افسانے انگلستان کے رومانی شاعر کولرج کی پُراسرار نظموں کی یاد دلاتے ہیں۔ اُن میں سے بیشتر تحیر خیزی اور تذبذب آفرینی کے لحاظ سے کامیاب ہیں، اور پلاٹ کی دلآویزی تقریباً ہر افسانے میں پائی جاتی ہے۔

جس طرح حجاب امتیاز علی کے افسانے ایک مخصوص و منفرد انداز کے حامل تھے اُسی طرح عندلیب

شادانی کی کہانیاں ایک خاص انفرادی روش اور اسلوب کی پیداوار تھیں اور اُن کو بھی اِس دور کی افسانہ نگاری میں ایک اختراعی رنگ کا اضافہ خیال کیا جا سکتا ہے۔ ۱۹۲۸ء کے لگ بھگ عندلیب شادانی نے پریم پجاری کے قلمی نام سے افسانوں کا ایک سلسلہ شروع کیا اور اُسے "سچی کہانی" کا عنوان دیا۔ اِس عنوان میں یہ مطلب پوشیدہ تھا کہ یہ کہانیاں افسانہ نگاری کی عام ڈگر سے ہٹ کر اور افسانہ و ناول کے مروّجہ مفہوم سے علیحدہ ہو کر لکھی گئی ہیں۔ بالفاظِ دیگر یہ تخلیقی افسانے نہیں ہیں، بلکہ اصلی واقعات اور حقیقی واردات کی روداد یں ہیں۔ اِس سلسلے کی ابتدائی کہانیاں تو یقیناً سچّی کہانیاں تھیں، لیکن جوں جوں یہ سلسلہ آگے بڑھا کہانی کا یہ اچھوتا کردار زائل ہوتا گیا اور سچائی کی شرط غالباً آخر تک نہیں نبھ سکی۔ مواد اور طرز کا نیا پن البتہ سب کہانیوں میں ملتا ہے۔ شادانی مختصر افسانے کی ٹکنیک کی چنداں پروا نہیں کرتے اور کہانیوں کی مخصوص نوعیت کے پیشِ نظر یہ ممکن بھی نہیں تھا۔ واقعات کو اُن کی فطری اور واقعی ترتیب میں زیادہ سے زیادہ پراثر طریقے پر پیش کر دینا ہی اُن کا مقصد ہوتا ہے۔ اِس مقصد کے حصول میں اُن کی نمایاں کامیابی دراصل زبان کی خوبصورتی اور بیان کی دل آویزی کا نتیجہ ہے۔ شادانی کی شستہ و شفاف نثر اردو نثر کے بہترین نمونوں میں شمار کیے جانے کے لائق ہے۔ وہ سادگی و سلاست میں حسن نظامی کی نثر سے اور توازن و تنظیم میں پطرس کی نثر سے لگّا کھاتی ہے۔ اِن خوبیوں پر مستزاد اُس میں ایک عجیب سریلا پن ہے۔ زبان و بیان کا یہی حسن شادانی کی سچی کہانیوں کا سب سے بڑا وصف ہے۔ مزاج کے لحاظ سے شادانی کٹر رومان پرست ہیں۔ کہانی کی عمارت وہ کسی حقیقی واقعے یا واقعات پر کھڑی کرتے ہیں، اِس طرح ان کے یہاں ہمیں رومانیت اور حقیقت نگاری کا وہ امتزاج ملتا ہے جو افسانہ نگاروں کے اِس نیم رومانی گروہ کی عام خصوصیت ہے۔

افسانہ نگاروں کی اِس جماعت میں اگر مجنوں اپنے فلسفیانہ اندازِ نظر، حجاب امتیاز علی اپنی تیکھی رومانیت اور شادانی اپنے اسلوب کی ندرت اور زبان کی نفاست کے اعتبار سے منفرد ہیں، تو فیاض محمود ہیئت اور ٹکنیک کی عمدگی اور پختگی کے لحاظ سے یگانہ و ممتاز خیال کیے جا سکتے ہیں۔ اردو افسانہ پریم چند کے ابتدائی زمانے کے داستانی اثرات سے اپنا پیچھا چھڑانے اور مغربی انداز کے مختصر افسانے کا روپ اختیار کرنے کی تدریجی کوشش میں برابر مصروف نظر آتا ہے۔ فیاض محمود تک پہونچتے پہونچتے یہ تدریجی عمل تکمیل کی منزل

میں داخل ہوتا ہوا محسوس ہوتا ہے۔ فیاض محمود کے افسانے جو ۱۹۳۰ء کے آس پاس کی پیداوار ہیں۔ اردو میں افسانوی ہیئت اور ٹکنیک کے پہلے کامیاب نمونے ہیں۔ اُن کی ساخت اور تعمیر میں مغربی افسانہ نگاری کے طرز و اصول کی شعوری کار فرمائی صاف دکھائی دیتی ہے۔ ایسے ترشے ترشائے اور ڈھلے ڈھلائے افسانے کہ اُن کو پڑھ کر مغربی فن پاروں کی یاد ذہن میں تازہ ہو جائے، اُس وقت تک اردو میں نہیں لکھے گئے تھے۔ مثلاً اُن کا افسانہ "کام چور" جس ضبط اور بے غرضانہ فنی انداز کا نمونہ ہے، اور وحدت تاثر اور نقطۂ عروج کا جو واضح احساس اپنے اندر لیے ہوئے ہے، وہ آج کے اردو افسانے کے لیے تو کوئی نئی یا اچھوتی چیز نہیں، لیکن ۱۹۳۰ء سے پہلے کے افسانوں میں اُس کا ثبوت نہیں ملتا۔ شاید یہ کہنا مبالغہ نہ ہوگا کہ اگر مختصر افسانے کی مغربی ٹکنیک کے نقطۂ نظر سے دیکھا جائے تو "کام چور" سے بہتر افسانہ اُس وقت تک نہیں لکھا گیا تھا۔ (پریم چند کا "کفن" کسی قدر بعد کے زمانے کی چیز ہے) "کام چور"، "عطر کی شیشی" اور "دو خط" جیسے افسانے پڑھ کر صاف محسوس ہوتا ہے کہ افسانوی ٹکنیک اور فنی چابک دستی کے باب میں اردو افسانہ مغرب سے استفادہ و اکتساب کی آخری منزل میں قدم رکھ چکا ہے، اور یہ کہ اب اردو افسانے کا دورِ عروج و کمال کچھ بہت دور نہیں۔ اِس اعتبار سے فیاض محمود کو ۱۹۳۵ء کے بعد میں آنے والے اردو افسانہ نگاروں کا قریب ترین اور صحیح ترین پیش رو خیال کیا جاسکتا ہے۔ جہاں تک مواد کا تعلق ہے وہ پنجاب کے متوسط الحال مسلمان گھرانوں کی زندگی اور اُس کے گوناگوں رومانی و غیر رومانی پہلوؤں کو اپنا موضوع بناتے ہیں۔ اُن کے یہاں بھی رومانیت معاشرتی اصلاح پسندی اور مادّی حقیقت نگاری کی آمیزش ہے۔ لیکن آخر الذکر رجحان واضح طور پر غالب نظر آتا ہے۔

اِس رنگ کے دوسرے لکھنے والوں میں عاشق حسین بٹالوی کے افسانے موضوع و مواد کی نوعیت اور زبان و بیان کی لطافت و آراستگی کے لحاظ سے نیاز اور مجنوں کے رومانوں سے ملتی جلتی چیز تھے۔ اُن میں خوش حال تعلیم یافتہ نوجوانوں کے جنسی اور معاشرتی مسائل سے دست و گریباں ہونے کی کوشش پائی جاتی ہے۔ اور پیرایۂ اظہار کے انشا پردازانہ حسن میں اردو کی رومانی نثر آخری سنبھالا لیتی ہوئی نظر آتی ہے۔ عابد علی عابد نے بھی اِسی نہج اور معیا[ر کے] کارنامے پیش کیے۔ مطالعۂ علمی کی وسعت اور ادبیات مشرق و مغرب کا گہرا

شعور جس طرح مجنوں کے افسانوں میں جھلکتا ہے اُسی طرح عابد کی افسانوی کوششوں کو سہارا دیتا ہوا معلوم ہوتا ہے۔ انھوں نے مغربی شاہکاروں کے ترجمے بھی کیے اور طبع زاد افسانے بھی لکھے۔ اور یہ بھی قابل قدر مطالعے تھے۔ مثلاً اُن کا ایک مطالعہ ہے "لاہور کی ایک شام"، جو ۱۹۳۳ء میں سرانجام ہوا۔ یہ ایک حسین تاثر پارہ ہے جس کو بعد کے دور کے تاثراتی افسانوں اور بغیر پلاٹ کی کہانیوں کا پیش رو خیال کیا جا سکتا ہے۔ حکیم احمد شجاع نے اپنے افسانوں میں جنسی معاملات پر نسبتہً زیادہ جرأت اور بے باکی کے ساتھ قلم اٹھایا۔ اور یہ بھی اردو افسانے کے ایک آئندہ اہم رجحان کا پیش خیمہ تھا۔ خان احمد حسین خاں نے بہت لکھا، لیکن کسی خاص قابلِ لحاظ معیار کو چھونے سے قاصر رہے۔ یہی بات مہر محمد خاں شہاب مالیر کوٹلوی کے بارے میں کہی جا سکتی ہے، جنھوں نے غیر ملکی افسانوں کے ترجمے بھی کیے اور طبع زاد کہانیاں بھی لکھیں۔ ایم۔ اسلم کا ذکر صرف اِس بنا پر کیا جا سکتا ہے کہ انھوں نے مسلسل لکھا اور بہ کثرت لکھا، ورنہ اُن کی افسانہ نگاری سطحیت، بے اثری، اور عامیانہ پن سے اوپر اٹھنے میں کبھی کامیاب نہیں ہوئی۔ اِن افسانہ نگاروں کے علاوہ کچھ اور بھی لکھنے والے تھے جن کی افسانہ نگاری کا ثبوت۔ اِس دور کے ادبی جرائد و رسائل کے اوراق فراہم کرتے ہیں۔ اُن میں محشر عابدی، ابو محمد امام الدین، آسی رام نگری، دیوانہ مصطفےٰ آبادی، عباد اللہ حسن عزیز جاوید، اور ظفر واسطی شاہ آبادی کے نام لائقِ ذکر ہیں۔

اختتامیہ

اِس مختصر جائزے میں ہم نے کم و بیش پانچ سو برس کی اردو تصانیفِ نثر پر نظر ڈالی اور اُن میں افسانوی کارناموں کا کھوج لگایا۔ ہم نے دیکھا کہ جس چیز کو صحیح معنوں میں قصّہ و افسانہ کہتے ہیں اُس کا ثبوت صدیوں تک نہیں ملتا۔ اٹھارویں صدی کے نصفِ آخر میں تحسین کی "نوطرزِ مرصّع" کے ساتھ اردو قصّہ نگاری کا آغاز ہوتا ہے۔ پھر نوطرزِ مرصّع کے زمانے سے ناول کے آغاز تک قصّے کہانی کے ہزاروں بلکہ لاکھوں صفحات لکھے جاتے ہیں۔ اور چھوٹی چھوٹی حکایتوں سے لے کر ضخیم سے ضخیم داستانوں تک ہر رنگ، ہر معیار اور ہر اسلوب کے کارنامے وجود میں آتے ہیں جن میں بہت سی خصوصیات مشترک طور پر پائی جاتی ہیں۔ ہم نے یہ بھی دیکھا کہ اِس ایک صدی کے اندر قصّے کہانیوں کی جو سیکڑوں کتابیں لکھی گئیں اُن میں باغ و بہار اور "فسانۂ عجائب" کو سب سے زیادہ شہرت اور مقبولیت حاصل ہوئی۔ چنانچہ موجودہ دور میں بھی "باغ و بہار" اپنے اسلوبِ تحریر کی بے مثل سادگی کی بناء پر زندہ ہے۔ اور "فسانۂ عجائب" اِس لیے اہمیت رکھتی ہے کہ مقامی رنگ کی عکاسی، کردار نگاری اور ماحول کی مصوّری کی سب سے پہلی کوشش اِسی میں نظر آتی ہے اور قصّہ گوئی کے وہ اوصاف جو فی الحقیقت ناول اور مختصر افسانے کے لوازمات ہیں، اپنی ابتدائی شکل میں ہمیں یہیں ملتے ہیں۔ اِس اعتبار سے فسانۂ عجائب قدیم طلسماتی داستانوں اور دورِ جدید کے ناولوں کے درمیان کی کڑی قرار پاتی ہے۔ اِس جائزے کے آخر میں ہم اُس ارتقائی سفر سے گزرے جو اردو ناول نے پیدائش سے عنفوانِ شباب تک طے کیا۔ اور اِس سفر کے اہم سنگ ہائے میل ــــ نذیر احمد، شرر، سجاد حسین انجم اور مرزا رسوا ــــ پر طائرانہ نگاہ ڈالی۔ اور اِس نتیجے تک پہنچے کہ من حیث المجموع اردو ناول کے اِس سفر کو ناکام یا غیر اطمینان بخش نہیں کہا جاسکتا۔ ادبی

نشو و نما کی رفتار قدرتی طور پر نہایت سُست ہوتی ہے۔ فکری و ذوقی رجحانات کا قوام جلد اور آسانی کے ساتھ گاڑھا نہیں ہوتا۔ خیالات کے رچنے میں دیر لگتی ہے۔ تجربات کے پھلنے پھولنے کے لیے وقت درکار ہوتا ہے۔ نذیر احمد سے رسوا تک کوئی بہت طویل مدت نہیں ہے لیکن "مراۃ العروس" اور "امراؤ جان ادا" کے فنی معیاروں میں بڑا تفاوت ہے۔ وہ افسانوی تحریک جو "مراۃ العروس" کے ساتھ وجود میں آئی اُس کا "امراؤ جان ادا" تک پہنچکر جوانی کی منزل میں داخل ہو جانا خاصی توانائی اور کافی تیز رفتار ترقی کا ثبوت ہے۔

داستان اور ناول سے گذر کر ہم نے اردو میں مختصر افسانے کی پیدائش اور اُس کے اسباب و محرکات کا کھوج لگایا۔ اور پھر اردو افسانے کے تشکیلی دور کا کسی قدر بھر پور جائزہ لیا۔ تشکیلی دور کے تمدنی، سیاسی اور تاریخی عوامل کی چھان بین کے بعد ہم نے اِس دور کے لکھنے والوں اور اُن کی افسانوی تحریروں کے کیف و کم سے واقف ہونے کی کوشش کی، اور پتا چلا کہ اِس دور میں صنفی نوعیت اور ادبی رنگ و آہنگ کے اعتبار سے افسانہ نگاری کے متعدد و مختلف دھارے متوازی طور پر بہتے ہوئے دکھائی دیتے ہیں۔ یہ دھارے جمالیاتی نثر کے لکھنے والوں، مزاح نگاروں، اصلاحی و مقصدی افسانہ نویسوں، نیم رومانی و نیم مقصدی طرز کے علم برداروں اور مغربی شاہکاروں کو اردو میں منتقل کرنے والے مترجمین کی کارگزاریوں پر مشتمل ہیں۔ اِس مختلف اور نوع بہ نوع افسانوی پیداوار کے جائزے سے یہ ظاہر ہوا کہ اِس دور کے اختتام تک اردو افسانہ قدیم داستانی اثرات سے بالکل آزاد ہو چکا ہے اور ہئیت و تشکیل، متن و مواد اور غائتی میلانات کے اعتبار سے اپنے ارتقائی سفر کے سب سے پہلے اور سب سے دشوار مرحلے سے بخیر و خوبی گزرنے کے بعد شباب اور فروغِ شباب کی منزل میں داخل ہوا چاہتا ہے اور یہیں ہمارا موجودہ مطالعہ ـــــ اردو فکشن کے بنیادی و تشکیلی عناصر ـــــ بھی اپنے اختتام کو پہنچتا ہے۔

حرفِ آخر کے طور پر شاید یہ بتانا نامناسب نہ ہو کہ اِس حد سے گزرنے کے بعد اردو افسانہ قدرتی انداز میں اپنے آئندہ سفر کو جاری رکھتا ہے۔ ۱۹۳۶ء کے بعد کا زمانہ اُس کا دوسرا دور اور دورِ شباب ہے جو ترقی پسند ادبی تحریک کے آغاز و فروغ کے زمانے سے پورے طور پر ہم آہنگ ہے۔ ۱۹۴۶ء کو اِس دَور کی آخری حد قرار دیا جائے گا، کیونکہ ۱۹۴۷ء میں طلوعِ آزادی اور تقسیم ملک کے ساتھ اردو افسانہ تاریخ کے ایک نئے دور اور اپنے ارتقا کی ایک نئی منزل میں قدم رکھتا ہے۔ اور نئے فرائض اور نئی ذمہ داریوں کا بوجھ سنبھالتا ہے۔

طلوعِ آزادی اور ملکی تقسیم سے پیدا ہونے والے مسائل کم و بیش دس سال تک اردو افسانے پر شدت کے ساتھ چھائے رہے، اور اِن دس سالوں کی اردو افسانہ نگاری موضوع اور ہئیت دونوں کے لحاظ سے اپنا ایک خاص جدا گانہ کردار رکھتی ہے جس کو ہمیشہ اور ہر جگہ آسانی کے ساتھ پہچانا جا سکتا ہے۔ چنانچہ ۱۹۴۷ء سے ۱۹۵۷ء تک کے زمانے کو اردو افسانے کی ترقی کا تیسرا دور کہا جائے گا۔ اور اِسی طور سے آگے تک اردو افسانے کی تاریخ کو واضح اور متعین ادوار میں تقسیم کرکے مطالعے کی حدود میں لانا ممکن ہوگا۔

راجندر سنگھ بیدی کے فن پر تحقیقی و تنقیدی مضامین

بیدی: اردو کا نمائندہ افسانہ و ناول نگار

مرتبہ : سید حیدرآبادی

بین الاقوامی ایڈیشن منظر عام پر آچکا ہے